JN193934

死と病気は芸術だ！

Death and Disease are Art of your Soul.

∞ishi ドクタードルフィン
松久正

VOICE

死に至る病とは
絶望のこと
である。

——キェルケゴール（『死に至る病』より）

死に至る病とは創造のことである。

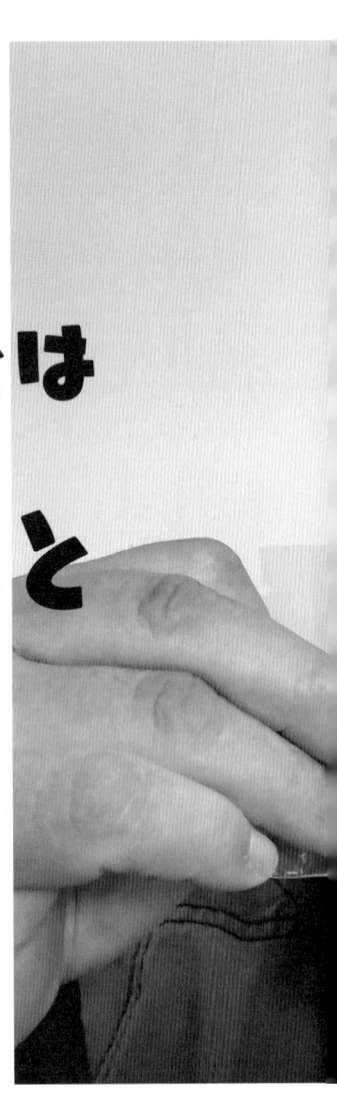

——ドクタードルフィン

死とは、
この世のありと
あらゆる悲哀の
終末なり。

————チョーサー（14 世紀のイギリスの詩人）

死とは、この世のありとあらゆる歓喜のフィナーレなり。

——ドクタードルフィン

苦しみは
聖なる真理

苦しみは聖なる真理。

生まれるとき苦しくて泣き叫ぶ。

一瞬一瞬、細胞が崩壊してゆく、

老化現象も苦しみ。

いろんな不調が体内でひそかに進行してゆくのも

苦しみ。

やがて身体が壊れる

死に直面するのも苦しみ。

生・老・病・死すべて苦しみ。

——長部経典『大念処経』〈編訳 小池龍之介『超訳　ブッダの言葉』〉

喜びは
高次元の真理

喜びは高次元の真理。

地球に降りてくるとき、うれしくて泣き叫ぶ。

一瞬一瞬、細胞が崩壊してゆく、

老化現象も味わってみたかった。

いろんな不調（やまい）が体内でひそかに進行してゆくのも

全部決めてきたこと。

やがて身体が壊れる

死に直面するのも喜び。

生（しょう）・老・病・死すべて喜び。

　　　───ドクタードルフィン

白山比咩神社の老スギ

Prologue

この本を上梓することは、炎上覚悟です。

なぜならば、**私はこの本を通して人間にとって最もタブーなテーマに踏み込む**からです。

すでに、**「死と病気は芸術だ」**というこの本のタイトルからご想像できるかと思いますが、タイトルどおり、「死と病気は芸術だ」ということを、1冊を通して語るからです。

有史以来、古今東西で老若男女から「死と病気」は怖れられ、嫌われてきました。

世界中のどんな億万長者、セレブリティや権力者に専門家でさえ、いまだに「死と病気」だけはまだ克服できていないのです。

いってみれば、**「死と病気」は人類の敵**のようなものです。

それなのに、「死と病気は芸術だ」なんてどういうこと？と思われた方も多いはずです。

特に今、病に苦しんでいる人には、あまりにも非常識な

発言だと思われるかもしれませんね。

　また、ご自身の人生において、さまざまな理由から"死"というものに直面せざるを得ない立場にいる人にとっても、大ひんしゅくな言葉かもしれません。

　また同じように現在、ご家族やご友人など大切な方が病気に苦しんでいたり、死の淵にあったりして、その人たちをケアする立場の方々からすれば、怒りの気持ちさえ湧いてくるでしょう。

「ドクタードルフィン！　まったく、何てことを言うんだ！」と。

　私は、皆さんのお気持ちもよくわかります。

　この言葉に怒りを覚える人にとって、私は「人の気持ちがわからない冷たい人間」のように思われてしまうかもしれませんね。

でも、いくら「人の気持ちがわからない」と非難されても、「人間の魂がわかってしまった」私にとって、「死と病気は芸術」なのです。

　そうなのです。

　この世の中の常識や固定観念からすでに大きく逸脱してしまっている私にとっては、「死と病気は芸術」に他なりません。

現在、私は鎌倉の診療所で、松果体を通して高次元のDNAを書き換える「超次元超時空間松果体覚醒医学」に携わっています。

　超高次元において手術を行い、DNAをリニューアルするという診療は、地球次元における最先端の医学であり、また、私しかできないことであるとも自負しています。

　この診療を受けるために、毎日、日本全国津々浦々から、また、海外からも私の元へと、あらゆる種類の患者さんたちが診療所を訪れてくるのです。

　患者さんの中には、世の中のドクターたちから「自分たちではどうすることもできない」と見放された患者さんたちも大勢います。

　私の診療所には、国内では評判の高い最先端の専門病院や国立病院などからも門前払いになってしまった患者さんたちが毎日続々と訪れてくるのです。

　たとえば、がんのステージ４だと主治医に宣告された方や、余命があと数か月と死の宣告を受け、「もう手の施しようがない」と言われた患者さんたちとその家族たちも診療にやってきます。

　もちろん、他にもさまざまな症状を訴える方が来院されるわけですが、“死に最も近い”と言っても過言ではない

患者さんたちにとって、私の診療所は“最後の砦”のような場所でもあるのです。

「先生！　なんとかしてください！」
「余命３か月と言われました。どうすればいいですか？」

　私は、そんな患者さんやその家族たちと向き合ってきました。
　死とすでに隣り合わせになっている、いわば、崖っぷちの患者さんたちが死へと向かうまでのプロセスに私は数えきれないほど立ち会ってきたのです。

　そして、そんな方々を診てきたからこそ、今、こう言い切るのです。
「死と病気は芸術だ」と。
　これは、実は患者さんたちが私に教えてくれたことでもあるのです。
　ある人は命を懸けて、また、ある人は身体を張って、私に「死と病気は芸術」であることを見せてくれたのです。
　整形外科医として約10年、そこから約10年間の自然医学を経て、今、人間の人生全部を診るドクターとして11年目の活動をしている私だからこそ、このフレーズが言えるのです。

読者の皆さん、いや、地球人の皆さん。
　もう、そろそろやめませんか？

　死と病気を怖れるのを。
　死と病気を忌み嫌うのを。

　どんな病気をするか。
　どんな形で死を迎えるのか。
　病気も死もあなたが、正確に言えば、あなたの魂が選んできたことなのです。

　あなたは、あなたが描いてきた人生をただ生きているだけなのです。
　死と病気も、あなたの人生を彩るひとつの要素として、あなた自身が自ら選んだのです。

　もちろん、今のあなたにとって、「死と病気は芸術だ」という言葉は、まだ違和感があるかもしれません。
　この言葉の意味を頭で理解しようと思っても、腑に落ちないかもしれません。

　でも、この本をご一読いただければ、「死と病気は芸術だ」

ということがわかっていただけるはずです。

　あなたの心はざわついているかもしれませんが、あなたの奥深くにある魂がこの言葉の意味をきっと理解するはずなのです。

「死と病気」は誰にも訪れるものです。

　すべての人たちが直面する「死と病気」だからこそ、あなたに「死と病気は芸術だ」ということを私はお伝えする義務と役割があるのです。

　地球人たちは、今こそこの言葉で救済されるべきなのです。

　死と病気の恐怖や絶望から、救われる必要があるのです。

「死と病気は芸術だ」ということをあなたが受け入れた日から、いや、あなたの魂がこの言葉を思い出してくれた日から、あなたの人生はさらに大きく飛躍的に変容していくはずです。

　それでは、「死と病気は芸術だ」について、今からじっくりとお話ししていきましょう。

————ドクタードルフィン　松久正

死の恐怖は、
死そのものよりも

怖ろしい。

──シルス（紀元前・古代ローマ時代の喜劇作家・詩人）

死の恐怖は、
人間が犯した

勘違いとして
怖ろしい。

————ドクタードルフィン

Contents

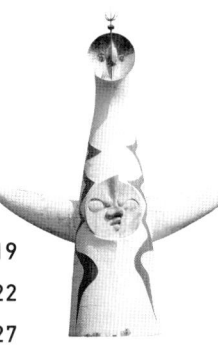

Part
I.

なぜ
「死と病気
は芸術」
なのか

「死と病気は芸術だ!」は、
これまでの道のりが結晶化したもの

「死と病気は芸術だ!」

　読者の方にとっては、ショッキングで仰天するような表現かもしれません。

　実は、このフレーズは私が常日頃から使っている表現です。

　また、これは、私の**これまでの医師としてのすべての道のりが結晶化したひとつの表現**でもあるのです。

　これは、医師としてのキャリアを現代医学における整形外科医からスタートした後、カイロプラクティックドクターを経て今、地球次元を超えた超次元超時空間松果体覚醒医学に携わる私だからこそ、お伝えできる表現だと自負をしています。

　プロローグでもお伝えしたように、「死と病気は芸術だ」などという表現は私でないとできないし、この私だからこそ言い切れるのです。

　もちろん、この私が「死と病気は芸術だ」なんて最初から考えていたわけではありません。
　この私だって小さな頃は、「死と病気は悪いものであり、人を悲しませたり苦しめたりするものなんだ。だから、僕がそんな人たちを救うんだ！　この世界から病気を失くすんだ！」という情熱を持ち医師を志しました。

　そして、そんなアツい思いを胸に抱いて大きくなると、医師になるべく医学部を目指したのです。
　それも、同じ医師になるなら、医学においても日本で最高レベルの大学へ行くべきだと慶應義塾大学の医学部へ入学し、卒業後は整形外科医になり、まずは、最先端の現代医学の現場に約10年間携わってきました。

　けれども、当たり前ではあるのですが、現代医学の在り方は、薬でその症状を一時的に抑えたり、手術で悪い部位を切り取ったり、悪い箇所を代わりになるものに入れ替えたり、放射線で炎症や腫瘍を抑えつけたりするような治療が主だったりします。

それは言ってみれば、その場をしのぐ対症療法にもとづいた医療でした。

　要するに、**「悪いモノを一時的に抑えておこう」「悪いモノには、一瞬静かになっていただこう」というような考え方が現代医学の根底にある**のです。

　「これでは、完全にその人を癒したことにはならない……」

　これが現代医学に携わっていた時代の私の悩みとジレンマでした。

　というのも、**患者さん自身の"生き方そのもの"が変わらない限り、治療で一時的に抑えられていた症状なども、またしばらく経つと元に戻ってきたりする**のです。

　私は、そんな患者さんたちの姿をたくさん見てきました。

　医療業界において、このマッチポンプ式の関係がビジネスを成立させ、繁栄させるためにも必要だったりするのです。

　「これが、自分のやりたかった医療なのだろうか？」

　そう思いはじめた私に、追い打ちをかけるように襲ってきたのが大学病院という伏魔殿の世界です。

「白い巨塔」そのものの病院の世界は、政治と権力のパワーが跋扈する世界。

　私も白い巨塔ならぬ黒い巨塔に飲み込まれそうになったこともあり、こんな環境のもとでは、純粋に医療を志すこともままならないと感じたのです。

現代医学から自然医学へ
——自然治癒力に着目する カイロプラクティックを学ぶ

「もっと自由な世界で、根本的な医学を学びたい！」

　そう考えた私は、早速、日本を飛び出してアメリカに留学して自然医学にもとづくカイロプラクティックを学ぶことにしました。

　カイロプラクティックとは、身体の構造とそれぞれの部位が持つ機能に着目した専門医学のことです。

　カイロプラクティックの施術法は、主に脊椎やその他の身体部位を調整したり、矯正したりすることによって、身体のゆがみを元に戻したり、痛みを軽減させたり、身体の機能を回復・改善させたりする医学です。

　カイロプラクティックの考え方は、もともと人間の身体が持っていた自然治癒力を高めることを目的としています

が、私はそこに現代医学にない魅力を感じたのです。

　身体だけを扱うこれまでの現代医学から、その人の持っている自然治癒力にまでアプローチするカイロプラクティックは、どこまで診療の効果を上げられるか、ということに関しては、その人の生き方や心の持ち方までが大きく影響をしてきます。

　"心と身体はひとつ"であるという考え方をベースにした、人間の身体を巡るエネルギーにまで着目するカイロプラクティックは、主に身体の悪い箇所だけ、その部分だけしか治療しようとしない現代医学に欠けているものを満足させるという意味においては、私自身も学ぶことの多い医学でした。

自身の松果体が目覚める

　また、アメリカに在住中に、パワースポットとして知られているアリゾナ州のセドナを訪問する機会があり、セドナのボルテックス（渦を巻くように放出される大地のエネルギー）のパワーに触れて以来、これまで**自分の中で眠っていた宇宙の叡智とのつながりがはじまることになった**のです。

　以降、アメリカではアリゾナ州のフェニックスに住んでいたことから、頻繁にセドナ詣での日々がスタートしました。

　現地では、アメリカ中からセドナに集まってくるヒーラーやチャネラー、地元のネイティブアメリカンの人たちとの出会いや交流を通して、徐々に自分のミッションにも気づくことになったのです。

　そのときに、地球にやってきた最初の過去生では、自分

が高次元シリウスからやってきたドルフィンだったことも
思い出しました。

　時を同じくしてこの頃、アメリカでは自身の松果体も目
覚めることになりました。
　それは、セドナから帰宅して自宅で寝ていたある日、明
け方の５時頃に突然起きた出来事でした。
　ふと夢の中で、母親からもらって大切にしていた黄金の
観音様の置物が倒れていたのを発見したので、何気なく、
観音様を元の位置に立てたのです。
　すると、その瞬間に、突然第３の目のあたり、いわゆ
る松果体のあたりをピストルでズドン！　と撃ち抜かれた
ような大きな衝撃を受けたのです。

　私の身体は、その衝撃でベッドの上でドーン！　と吹き
飛ばされてしまい、その日からしばらくの間、首がむち打
ち状態になるほどでした。
　けれども、この出来事をきっかけに、私の**松果体を
通して宇宙の叡智が降りてくるようになった**の
です。
　以降、この地球上にはない高次元の知識や情報を受け取
るときは、松果体の真ん中がジーンと震えて振動するよう
になりました。

自身の松果体のポータルが開かれたことで、医師として医学というものを目に見えない世界からも捉えるようになったのも、この頃です。

こうして、アメリカでは新たな自分も発見するなど充実した 10 年間を過ごした私は、そのままアメリカに残って永住権までを取ろうとしていました。

ところがその矢先に、父の死と病気をきっかけに、急遽日本へ帰国することになったのです。

そこで、日本に戻った私は、鎌倉に診療所を開業して、アメリカで培ったカイロプラクティックをベースに心と身体の両方からのアプローチによる診療をスタートしました。

最初の 5 年間は、アメリカで習得してきた知識と技術のすべてを患者さんに捧げながら、自らもまたアメリカ仕込みのカイロプラクティックにさらに磨きをかける日々を送っていました。

ココロとカラダは喜んでも、

"魂"までは

喜ばない人たち

　開院した診療所には、毎日たくさんの人が訪れるように
なりました。

　腰痛がつらい、ひどい片頭痛に悩まされている、足が痛
くて歩けない、などと訴えて診療所にやって来る患者さん
たちに、全力で診療に臨む日々が続きました。

　そして、診療が上手くいくと患者さんたちは喜びの声を
上げました。

「ありがとうございました。おかげでよくなりました！」
「先生のおかげで、痛みが取れました！」
「普通の生活ができるようになって、家族も喜んでいます」

　患者さんたちは、口々に感謝の言葉を述べるのです。
　そのことは、私もうれしいのです。

これらはまさに、医師冥利に尽きる言葉ではないでしょうか。

　でも、そんな患者さんたちの"感謝の言葉"に私は少しずつ違和感を覚えるようになったのです。

「患者さんたちの言葉は、心からの言葉かもしれない。でも、それは、魂からの言葉ではない……」

　そんな思いが私の中にいつしか芽生えはじめたのです。

　患者さんたちは診療を終えて、一見、幸せそうに診療所を出ていきます。

　もちろん、患者さんたちからの言葉は、社交辞令などではありません。

　患者さんたちは、本心から感謝してくれているのです。

　でも、そんな彼らが本当に魂レベルから "幸せそうに見えるのか"、と言われるとそうではないことがわかるようになったのです。

　患者さんたちの身体は、症状が治ることで喜んでいるのかもしれない。
　患者さんたちの心だって喜んでいる。
　でも魂は、ちっとも喜んでいないのです。

　それどころか、魂は、まだまだ叫び声をあげている。
「幸せになりたい！」
「自由になりたい！」
「自分を生きたい！」
　それは、本人たちさえもまだ気づいていない "魂の声" です。
「症状がよくなった！」という喜びの声は、ただかりそめのものにすぎず、その仮面の下では魂がわんわんと泣き叫んでいるのです。

　すでにその頃の私は、患者さんから伝わってくるその人

の波動、いわゆる“振動数”がわかるようになっていました。

だから、患者さんがいくら「治ってよかったです！　うれしいです！」と私に感謝の気持ちを伝えてくれても、それが魂からの喜びの声ではないことに気づきはじめたのです。

基本的に、私たちが話す言葉や会話は、脳から発信される情報が口をついて出てくるものであると言っても過言ではありません。

それは、社会の常識や固定観念にもとづいた情報がスキャニングされて言葉として出てくるのであり、魂からのピュアな言葉ではないのです。

「では、患者さんを魂レベルから幸せにするには、どうすればいいのだろう？」

現代医学で身体を治し、自然医学で心と身体を治し、後は何が必要なのだろう？

答えはもう明らかです。

そうです。

魂レベルの医学が必要なのです。

そこから私の**「魂の医学」**への探求がはじまったのです。

Part II.

魂の医学と松果体の関係

「魂の医学」のヒミツは松果体にあり

「ありがとうございます！　おかげ様でよくなりました！」

　地球の医療関係者なら、この時点で、すべてが一件落着なのです。

　患者さんが満足すれば、医師の方も満足するという、二者間における素晴らしい関係性はきちんと確立されているのです。

　でも、それだけではダメなのです。

　なぜなら、本来ならば、**医学とは"人間を幸せにするもの"**だったはずなのです。

　感謝の言葉を述べながらも魂はまだ泣いている人たちを、私は目の当たりにしていたのです。

　地球人たちに必要な**「魂の医学」を行うためには、松果**

体を活性化させるしか
ない のです。

あの有名なフランスの哲学者であり数学者のデカルト

も、松果体のことを**「魂のありか」**と

呼んでいました。

ところが、「魂のありか」である松果体は、現代人が脳しか使わないことで不活性化してしまっているだけでなく、フッ素や水銀などを身体に取り込んでしまうことで石灰化、弱体化してしまっています。

要するに、魂のありかの周囲に厚いバリアが張られてしまって、本来の松果体のパワーが発揮できないのです。

それでは、ここで改めて、松果体について簡単に説明しておきましょう。

松果体とは、人間の脳の中心の２つの大脳半球の間に位置するグリーンピース状（７〜８ミリ程度）の小さな松ぼっくりのような形をしている内分泌器官のことです。

松果体の主な機能として、１日のリズムをつくりだすホルモンであるメラトニンを生成する機能が知られています。

このメラトニンの放出があることで、私たちは夜になると眠くなり、朝になると目覚めて太陽を浴び、精神の安定をもたらし、幸せホルモンと呼ばれるセロトニンを放出させるのです。

　このセロトニンはメラトニンの原料にもなることから、セロトニンが出ることでメラトニンがつくられる、という循環のリズムが成り立っています。

　また、松果体はメラトニン同様に「ジメチルトリプタミン（DMT）」と呼ばれる天然の幻覚剤がセロトニンから生成されて分泌されることが確認されています。

　このDMTは、睡眠中にメラトニンが分泌される深夜の2〜4時の時間帯に主に放出されることから、この時間帯は宇宙の叡智とつながりやすい時間帯ともいわれています。

　ある研究によると、脳内の松果体からDMTが生産された際に、人間は臨死体験や神秘体験などを体験する傾向があることも報告されています。

　つまり、松果体が活性化する＝松果体のポータルが開くことで、人は異次元・高次元につながりやすくなるのです。

　では、松果体のポータルが開くということは、どういうことでしょうか？

　松果体は、**高いエネルギーである宇宙の叡智が人間の身体に入ってくる際の受信器かつ変換器のような役割**を果たしています。

　松果体のポータルを開くことで、松果体がアンテナとなって叡智を受け取り、その情報は振動数を落としながら背骨の脊椎を通り、身体中の細胞に運ばれるのです。

　すでに、自身のゼロポイントでもある「自分神」とつながることができた私は、**魂のありかである松果体を活性化する新しい魂の医学をスタート**したのです。

　それは、患者さんのエネルギーをできるだけ高い振動数エネルギー（ゼロポイントに近い場所）にまで引き上げて、自分のエネルギーと交流させて、その患者さんが本来持つべき叡智のエネルギーを供給するというものです。

　この魂の医学をはじめたことで、口コミや書籍などを通して、あらゆる種類の患者さんたちが訪れてくるようになったのです。

松果体が宇宙の叡智（宇宙ソウルウェイブ）を身体の叡智（身体ソウルウェイブ）に変換

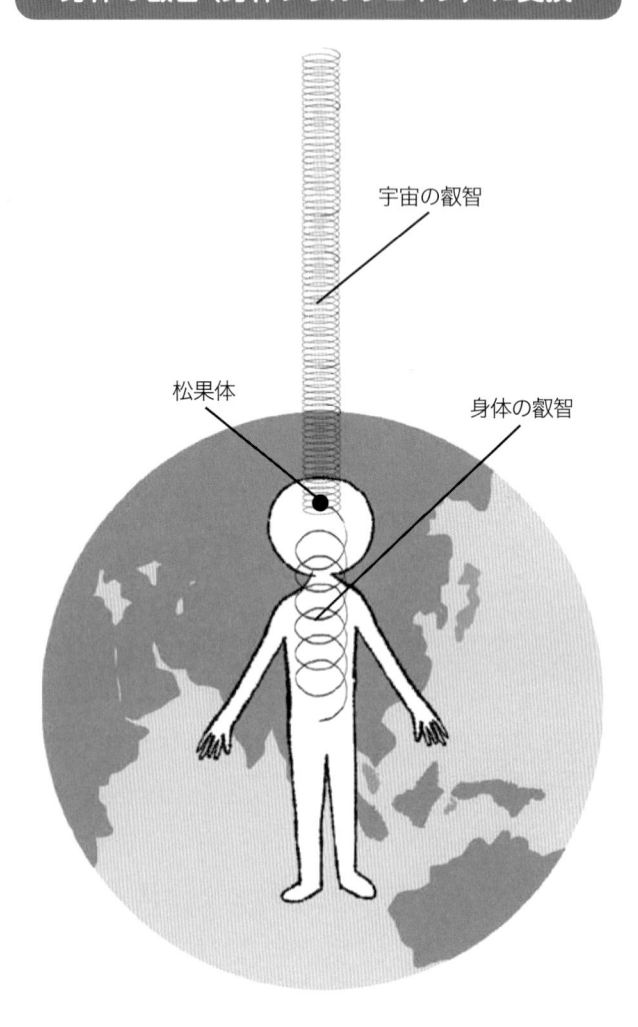

宇宙の叡智

松果体

身体の叡智

進化する魂の医学

　魂の医学はその後、どんどん進化するようになりました。

　当初は患者さんの身体に手を触れて、細胞の振動数を調整しながら、宇宙の叡智を降ろすことでその方のDNAの絡まりをクリアにしていました。

　次の段階には、患者さんの頭に手を触れて、脳の振動数を調整しながら、その方の常識や固定観念を外しながら、宇宙の叡智を降ろせるようになりました。

　現在では、**患者さんの頭に手をかざして、手を触れることもなしに行えるだけでなく、遠隔操作ですべてのことが行えるほどこの一連のプロセスも効率化**しています。

　また、**患者さんのために調整したエネルギーは、時空間にアップロードしているので、その**

方がいつでも必要なときに、どこでも必要なところでダウンロードできるようになっています。

これが、現在私が行っている**「超次元・超時空間松果体遠隔医学」**です。

　では、魂の診療を行う際のメカニズムをご説明してみましょう。

　基本的に、宇宙の叡智は、松果体の右側（ホルスの右目＝古代エジプトのシンボルで「すべてのものを見通す目」といわれている）で受け取るために、私の右手で患者さんが今回決めてきた身体のシナリオや人生のシナリオを感じ取ることができます。

　そして、左手で患者さんのもともと決めてきたシナリオにはない常識や固定観念の状態（松果体の左側、ホルスの左目）を確認しながら、その方がどれだけ自身のシナリオを乱しているか、ということを感じ取りつつ、瞬時にそれらを白紙の状態にリセットするのです。

　すると、次の瞬間には私の右手が患者さんの人生と身体のシナリオをすべてクリアにするのです。

　その際に、私の方では患者さんの望みをシナリオに新たに書き加えることも可能ですが、そのシナリオを実現するために必要な気づきや学びも同時に生み出します。

　そして、それらの気づきや学びの時期は、その人が人生を歩むシナリオによってそれぞれのタイミングは違ってくるのです。

今の医学では、
身体は救えます。
心も救えます。
でも、魂は永久に
救えないのです。

―― 私以外は。

悩み多き地球人を診る「人間科」のドクターになる

　〇〇科のドクターという表現をするなら、今の私は

「人間科」のドクター になるでしょう。

　冒頭でもお伝えしたように、診療所には、体調不良の方だけでなく、難病を患っている方やがんのステージ４の宣告を受けて、死期が迫った方が家族に支えられながらいらっしゃいます。

　また、原因不明の不調に悩まされて「病院に行きたいけれど、“何科”に行けばいいのかわからない」と言って訪れてくる方もいます。

　さらには、自殺未遂や自傷行為をした人が心配した家族に連れて来られたり、自殺願望がある本人が「自殺を考え

てしまう自分は、どうしたらいいのか」という思いを抱え
てやって来たりもします。

　他には、生まれついたときから障がいや先天性の異常を
持っている方、ADHD（注意欠陥・多動症）などと診断
されて、自分のことを社会不適合者だと思いこんでしまっ
ている方など。

　他にも、人間関係や家族関係の悩みにお金の悩み、恋愛
の悩み、自分の夢を叶えるにはどうしたらいいか、など人
間として生きていると出てくるありとあらゆる悩みや困
難、問題を私にぶつけてくるのです。

　特に近年では、健康上の悩みというよりも、「人生にお
けるミッションを知りたい！」という人、「高次元とつな
がるにはどうすればいいのか」という人、「松果体を開き
たい！」という人が大勢来られます。

　果たして、ここまで幅広い悩みに対応できるドクターは
地球上に他にいるでしょうか？

　かつて、整形外科を専門にしていた私が今では、地球上
に人として生きることで生じるすべての悩みや困難を総合
的にカバーする人間科のドクターとして患者さんに向き
合っているのです。

　また同時に、医師でありながらも、あるときは人生のコ

ンサルタントやメンター、あるときは学校の教師や父親の
ような役割を演じることもあります。

　さらには、人間以外の動物やペットなども診ることもで
きますが、法律的な問題もあり、現状では診療する対象は
あらゆる種類の人間ということにしています。

身体が治っても満足しないのはなぜ？

　患者さんたちには、初診の後は変化の様子を見るために、最初の頃は週に１度や２週に１度などの短い間隔で通っていただくことにしています。

　そして、その人の症状や状態が回復して安定するに従って、診療に来ていただく間隔を少しずつ空けていきます。たとえば、数週間だったものが数か月に１度、そこから半年に１度や１年に１度くらいにしていくのが理想だと考えています。

　このようにして、定期的に通ってくださる患者さんのその後の経過を確認していくのですが、私はまた、あることに気づくことになりました。

それは、こういうことです。

初診時に患者さんが訴えていた身体の症状が治りはじめたりすると、患者さんは、新たな別の問題を言いはじめるのです。

たとえば、最初の頃は「腰が痛くて歩けない」と言っていたような方が、その症状が少しずつ気にならなくなってくると、今度は、別の身体症状やお金のことや人間関係など、人生についての不平不満に言及しはじめるケースが多いのです。

身体の具合が悪いときは、「身体さえ治れば、もう他には何も望むことはない」などと言っていたような人が、いったん苦しんでいた症状が治ると、今度は他の症状や、自分の人生に対して別のものに目を向けはじめるのです。

「体重を減らしたい」
「先生、父親との長年の確執で悩んでいるんです。どうすればいいでしょうか」
「子どもが不登校になってしまって、言うことをききません。困っています」
「もっとお金があると助かるんだけれども……」

そんな人生や身体の悩みや問題を聞いていると、**「この方はもしかして、症状を持っていたときの方**

がまだ幸せだったのではないだろうか」と思えることさえあるほどです。

　そうして、不満が尽きない状態が続いていると、再び、一時は治っていたはずの症状が戻ってきたりするのです。

　結局、人はいつまでたっても満足をしない生き物だったりするのです。

　そして、人はいつまでたっても、もがき続けています。

　私には苦しんだり、悩んだり、不平不満を言っていることがその人にとって、まるで健全な状態であるかのようにも見えるのです。

　では、なぜそうなってしまうのでしょうか？

　それは、**その人がまだ自身のまっさらな魂のままで生きていない**からなのです。

　そして、ここが重要なのですが、そうして**口から出てくる不平不満は、本人が本当は心からそう思っているわけではない、**ということなのです。

　それは、**「自分が魂から生きていない問題を、ただ、お金や人生の問題にすり替えている」**ということなのです。

ここの部分にご自身が気づかない限り、人は
いつまでたっても永遠にもがき続けるのです。

どうして人間は病気になるのか?

それではここで、どうして人は病気になるのか、について語っておきたいと思います。

これはつまり、**自分たちがどんな振動数で生きているか、**ということでもあるのです。

似たような意味では、波動という言葉もよく使われますが、波動は高い・低いという違いで表現されます。

たとえば、高次元の波動は高い、地球次元の波動は低いといわれますが、病気になる人は本来の自分の波動で生きていない=低い波動になってしまっている、ということなのです。

この波動や振動数の意味がピンと来ない人は、温度の違いを思い浮かべていただければ理解しやすいはずです。

　たとえば、水を低い温度で凍らせれば氷の塊になり、熱い温度で沸騰させれば水蒸気になって蒸発します。

　水は温度の違いによって、氷になったり、水蒸気になったりと姿形を変えるわけです。

　それでは、ここで仮に氷をA、水をB、水蒸気をCとしてみましょう。

　では、この３つの要素のうち、地球人はどれに当てはまるでしょうか？

　答えはAです。人間のように身体を持った存在は、固体である氷のAと同じことです。

　重力に縛られ、空間に縛られ、時間に縛られてがんじがらめになっているのが人間ですが、それは、製氷機に入って凍ったアイスキューブがカチカチになって身動きがとれないのと同じなのです。

　そして、この**アイスキューブの塊を上から下に落とすと、地面で割れて砕けてしまうように、最も傷や損傷を負いやすいのが固体であるAの**

氷なのです。

　一方で、Bの水は器に入れられたとしても、流れ出て移動することもできるし、Cの水蒸気は器に取り込むこともできません。

　つまり、最も自由度が高く、損傷を負わないのは外部の環境に縛られないCの気体である水蒸気なのです。

　要するに、このCの水蒸気が高次元の存在ということになります。

　ここで振動数に話を戻すと、すでにもうおわかりのように、低い振動数がAであり、高い振動数がCということになります。

　振動数の高い・低いは、エネルギーの活性度の違いでもあり、振動数が高ければ、エネルギーの活性度は高く、反対に振動数が低ければエネルギーの活性度は低くなります。

　基本的に、**自由度が低く、身動きがとりづらいAという状態の地球人は、悩みや困難を持ちやすく、それが症状や病気になって現れやすい**のです。

魂は進化・成長を望むから地球へやってくる

　本来なら私たちの魂は、それぞれの"魂の原点"であるゼロポイントから無限大の高い振動数で誕生してきたのです。

　でも、**もともとは高次元の高い振動数だった魂が、好奇心がゆえに、さまざまなエネルギーとの交流を体験しながら、知識・情報を増やし自らのエネルギーをより重いものに、より低いものに落としてきた**のです。

　熱力学や情報理論の世界で使われている **「エントロピーの法則」** をご存じでしょうか？
　エントロピーの法則とは、「エネルギーは拡散するほど

に、より低いエネルギーへと変換されていく」というルールです。

たとえば、水を張ったカップに濃い色のインクを1滴落としてみます。

すると、1滴のインクはカップの中の水の中で無秩序に広がっていき、濃かった1滴のインクの色は水の中で薄い色になっていきます。

そして、広がって薄まったエネルギーの下がったインクは、もう決してエネルギーの高い1滴のインクに戻ることはありません。

物理的にも、**エネルギーは高い方からより低い方へと落ちていきやすいもの**なのです。

魂とは、その本質が自らの進化・成長を望んでいるものです。

もともと高次元の存在だった私たちは、脳を持たないエネルギー体として、お互いの意識が瞬時に伝わるコミュニケーションを基本としていました。

でも、それではつまらないし、面白くない。

自由すぎるので、もっと、不自由を味わいたい。

そんな思いから、わざわざ振動数の低い次元である地球にやってきたのです。そして、脳を持ちました。

そんな魂たちは、低い次元の世界で学ぶことにより、元の高次元の世界よりもさらに高い次元に行くことができるのです。

だからこそ、**魂の進化・成長を望む魂たちは、「よし！　地球へ行こう！」**とやってくるのです。

けれども、振動数を落としてきた魂たちは、エネルギーの活性度を落としてしまったことで、悩みや困難、症状や病気を持ちはじめたのです。

私たちは、ある意味、好んで不都合を体験しに来たのです。

要するに、あえて好んで死や病気を体験しに来たのが私たちなのです。

あなたは、痛みを感じたいから痛みを持つのです。

あなたは、苦しみたいから苦しむのです。

あなたは、死にたいから死ぬのです。

このことがわからないと、

永遠に幸せにはなれません。

松果体に ソウルインしてくる 魂たち

　さて、「地球へ行こう！」と地球次元への行き先を決め
たチャレンジャーな魂たちは、**卵子と精子が受精し
て、松果体のおおもとができる胎生３〜４週
間の時点で、松果体のDNAに「ソウルイン」**
してきます。

　無限大のものを一瞬で読み取れる魂の意識は、この時期
にできる無数の松果体の中から自分にとって一番光ってい
るものを「これだ！」と選ぶのです。

　こうして、魂たちは、この時点ではまだ見えない高次元
DNA情報を見極めて松果体に入ってくるのです。

　ご存じのように、DNAは父と母の両方からの遺伝子を
受け継ぐもので、その人の身体になる設計図のようなもの

ですが、**高次元 DNA には、身体のシナリオだけでなく、人生のシナリオなど目に見えない領域のあらゆる情報が描かれている**のです。

それまで、生物学的な DNA だったものが、魂の意識が入った時点からパーソナリティを含む DNA として育まれていくことになります。

いつ、どこで、何を、どのように体験をするか、という人生や身体の詳細を選択します。

このとき、それぞれの体験から気づきを得て学ぶことで、自分の意識を変えて人生や身体を修正するところまでも、きちんと設定しています。

高次元 DNA の構造は、次のとおりです。

まず、いわゆる目に見える 1 対目の 2 重螺旋の DNA は身体の設計図として知られていますが、その 2 重螺旋の DNA のすぐ外にある目に見えない 2 対目の 4 重螺旋 DNA には身体のそれぞれの器官をどのように機能させるか、という情報が入っています。

その外にある 3 対目の 6 重螺旋 DNA には、どのように身体を修復させるかという情報があり、さらにその外にある 4 対目の 8 重螺旋 DNA には身体にいつ、どこで、どんなイベントが起きるか、という情報が入っています。

そして、その外の5対目の10重螺旋DNAには、感情や性格、能力、才能などの情報があり、6対目の12重螺旋DNAにはその人の人生にいつ、どこで、どんなイベントが起きるか、という人生のシナリオが入っています。

　たとえば、あるひとりの男性のシナリオを例に挙げるとすると、その人が48歳のときに仕事における過労やストレスから胃がんになってしまうけれども、早期治療とその後の生活習慣やライフスタイルを変えることでがんを克服することになる。
　そして、その後は82歳まで健康的に生きることができる、というようなシナリオが書かれているわけです。

　ただし、これらのすべては、**魂が松果体に入った時点で、つまり宇宙次元から地球次元に来た時点ですべて忘却する**ことになります。
　この時点から脳細胞が成長しはじめるからです。
　そして、**この世界に生まれた後は、私たちは脳が指令する感情、そして常識と固定観念に支配されてしまって、ピュアなシナリオを生きることができなくなる**のです。

　ただし、ここがまた神の采配なのです。

　それは、**私たちがあえて選んできたシナリオを
すべて忘れてしまうからこそ、波乱万丈な人生
を送ることになり、それがあなただけの生きた
芸術になる**のです。

　つまり、**魂の忘却が魂の
芸術を起動させる**のです。

高次元多重螺旋 DNA

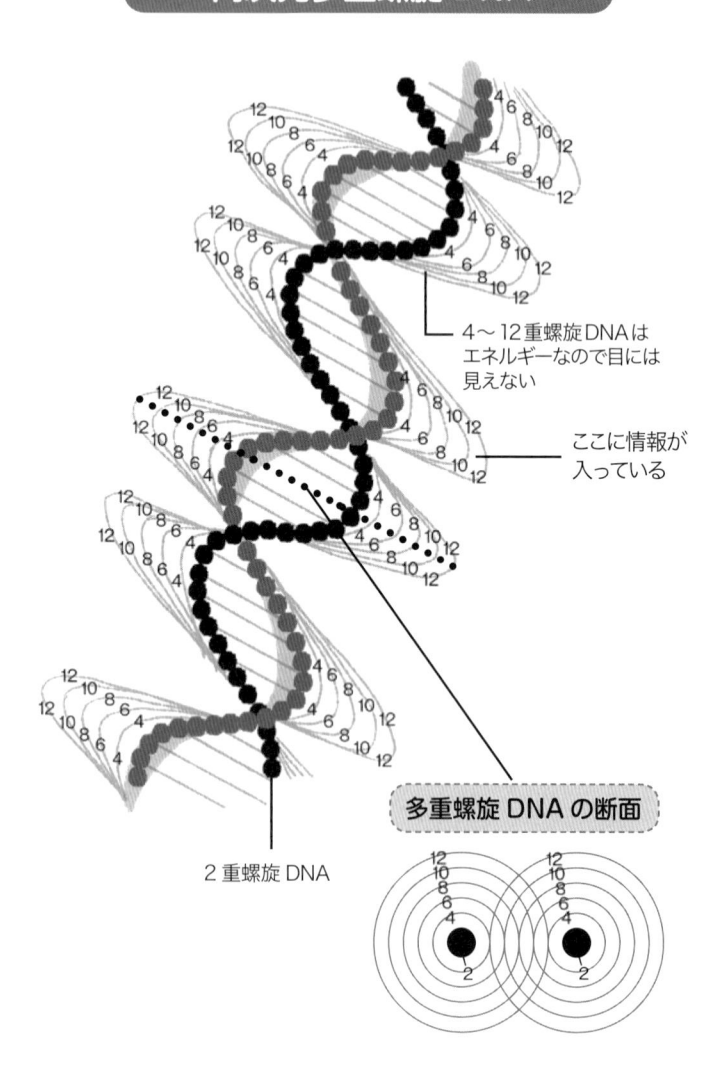

4〜12重螺旋DNAは
エネルギーなので目には
見えない

ここに情報が
入っている

2重螺旋 DNA

多重螺旋 DNA の断面

Part
III.

高次元の
魂たちの
地球体験

魂たちは、地球に来るときに自分なりの魂の振動数の乱れを知っているので、その部分を修正するのに最も適した環境を選んできます。

ここでは、高次元から地球次元に入ってくる魂たちの典型的な3つの学びのパターンを魂X、魂Y、魂Zを例に挙げてご説明しましょう。

陰と陽のバランスを学ぶ魂X

　もともと、**ゼロポイントにおいては男性性・女性性の区別がない**ことから、魂の存在Xは、高次元では男性性が優位になってしまったので、そのバランスを整えようと考えました。

　地球は男性性と女性性、陰と陽がはっきりと分かれている星でもあり、**男性性と女性性のバランスを学ぶには地球は持ってこい**なのです。

　この場合、地球で女性性を学ぼうとする魂Xは、女性であることの偉大さ、素晴らしさを自らが体験する必要があります。

　でも、その学びを実現するために、あえて夫から家庭内で暴力を受けるドメスティックバイオレンスに遭ったり、女性として社会の中で虐げられたりなど、地球次元ではどちらかというと不幸な女性の人生を生きることになるので

す。

　しかし、それらはすべて、女性性を育てるための学びです。

　そんな悲惨な体験の最後には、ご褒美のように「このことは、自分が女性だからこそ学べたんだ」「女性でなかったら、こんなことは体験できなかった」という気づきがやってきて、自分が女性であることを受け入れたときに、女性性が育まれるのです。

　余談ですが、一般的には地球では陰と陽の関係において、陽が男性で陰が女性だと信じられていますが、実は反対で、**陽が女性で陰が男性**なのです。

　数か月前に宮城県石巻市にある金運のご利益があることで知られている「金華山黄金山神社」にお参りする機会がありました。

　境内には、松と楓が絡み合って１本の木のようになっている有名なご神木が鎮座しています。

　私はふとこの大きな樹木に話しかけたくなりました。

　そして、松と楓の両方に手を置いて、「どちらが女性ですか？」とお尋ねしてみたのです。

　すると、松の方から温かい陽のエネルギーが、そして楓の方からひんやりとした陰のエネルギーが伝わってきまし

た。

　そして、松の方がやさしい女性であり、楓の方が勇ましい男性だったのです。

　地球は今、男性性のエネルギーが優位になっていますが、女性性のエネルギーが優位にならないと愛と調和はやってこないのです。

　女性性のエネルギーと男性性のエネルギーが51:49になったときに、地球は争いや闘いのないおだやかな愛の世界へと進化していくことになります。

　今、高次元から女性性を学ぶことをテーマにやって来ている魂が多いため、地球において女性性のエネルギーが優位になる日も近いはずです。

　今、地球では、男性も女性も「女性エネルギーは男性エネルギーよりも貴い」ということを知るべきです。

不安を学ぶ魂Y

　果たして、地球人で不安を持たない人はいるでしょうか？

　いないはずです。

　高次元の魂たちは、"自分はそのままで大丈夫"ということを思い出すために、ここ地球にあらゆる種類の不安を学びにやってくるのです。

　魂Yとは、皆さんのことでもあるのです。

「自分には自信がない」

「いつも失敗してしまう」

「皆と比べて劣っている」

「自分の人生、こんなはずじゃなかったのに」

「人に騙されてしまった」

　人生において、こんな不満やグチを誰だって何度もつぶやいているはずです。

　社会で生きていると、誰もがその成長の過程において常に人と比較し、「合格」「不合格」「成功」「失敗」などの体験を経ながら自分のシナリオを生きています。

　そして、そのシナリオを自分で演じながら、あえて不安を味わう体験をしに来たはずなのに、挫折してしまうのです。

　でも、不安に潰されダメダメな自分を味わいつくすことで、自分にはこの失敗が必要であったことがわかる日が来るのです。

　病気にしても、たとえ、あなたがんに侵されたとしても、「自分は、がんにならなくてはならなかったんだ」ということを知る日がいつか来るのです。

　そのときに、「自分は空気を吸えるだけで幸せだ」「ここに存在できるだけですごいことなんだ」ということを知るのです。

　そしてそのときに、**新たなステージの扉が開く**のです。

　不安が大きければ大きいほど、あなたの学びは大きいのです。

でも、それが、私たちが一番気づかないことなのです。

自分以外の誰も、何も、あなたの存在を傷つけたり汚したりしないのです。

あなたは、自分自身を力強く生きればいいのです。

愛情を学ぶ魂Z

魂Zは、愛情を学びに地球へやって来ました。

高次元では、すべての存在の**波動が高くて、お互いが愛し合う波動であることが普通**です。

そこで、高次元の存在にとっての愛とは、地球人にとっての空気や水のようになってしまい、ときどきその大切さがわからなくなってしまうのです。

ここ地球では、人の数ほど愛の形が存在しています。

地球人のほとんどが、さまざまな形の愛を学びに来ていると言っても過言ではありません。

とはいえ、**誰かに愛情を求めるということは、それは自分への愛情が欠如している**ということなのです。

人は、**他者へ愛情を求めることで、自分を認め、自分の存在価値を確認していたりする**ものです。

　常に誰かに愛されていないとダメ、という人はそうでないと自分という存在を感じられないのです。

　そして、そんな人は**実は自分のことを愛せていない人**なのです。

　また、愛情とは求めれば求めるほど逃げるものです。

　だから、恋愛関係においても振られたり、家族や友人などその他の人間関係においても裏切られたり、騙されたりするのです。

　そして、本来なら愛を学びに来たはずなのに、愛を疑い、愛に不信になり、この世界に愛なんてないんだ、と思ってしまうほどズタズタになるのです。

　でも、魂たちはそこまで堕ちて初めて、ある人の言葉が身にしみたり、ある本の1行に目が止まったり、ある歌のフレーズが耳に入ってきて、気づくのです。

「そうか。まずは、自分を愛さなくてはなら

なかったんだ」と。

　他人や自分の外側に愛を求めるのではなく、自分を愛し、自分を満たすことが本来の魂のあるべき姿であり、そうなれてこそ、他者への愛もあふれだすものなのです。

美しい絵画を見たら、心が喜ぶ。

大好きな音楽には、身体が躍りだして喜ぶ。

彩りもキレイな美味しい食事には、心も身体も喜ぶ。

こんなふうに、心と身体が喜ぶのが、三次元の芸術。

そして、魂が喜ぶのが、高次元の芸術。

Part IV.

死と病気は芸術だ！

魂の芸術とは？

「"死と病気は芸術だ"、と言いたいのはわかった。でも、今ひとつ意味がわからない」

という方もいらっしゃると思います。

「死と病気は芸術だ」とは、なんだか抽象的ですが、**高次元ではこれは言葉のとおり**なのです。

まず、一般的な意味での芸術とは、人間の創造活動における表現様式のことであり、絵画や音楽、映画、舞踏などの創造物やその成果を意味しています。

そして、あなたがその表現された創造物に触れると、あなたの心が動かされて心が躍り、感動したり、泣いたり、深く何かを考えるきっかけになったり、そこから生きるヒントを見つけたりするのです。

でも、この三次元の芸術はすべて五感を通し、脳で判断してあなたの感情に訴えかけてきているものです。

一方で、高次元の芸術は、脳のフィルターを通すことがないので、松果体を通して魂に直接訴

えかけてくるのです。

　脳が「悲しい」と判断することも、魂は「うれしい」と感じるのです。

　私たちの生きている世界は物質世界から成っているので、唯物論に支配されています。

　いわば、「あるもの」「存在しているもの」「増えていくもの」がプラス、ポジティブ、良いことであり、「ないもの」「存在していないもの」「減っていくもの」がマイナス、ネガティブ、そして悪いことなのです。

　たとえば、お金があるということはプラスでポジティブなことであり、それゆえに誰もがお金持ちになりたいと思ったりするわけです。

　反対に、お金が無ければマイナスであり、お金がないと成功者とはみなされないし、なんだか残念な人だと思われたりするわけです。

　社会の常識のほとんどは、**「あるもの」が正しくて勝ちで幸せ、「ないもの」が正しくないとか間違い、負けであり不幸、というような図式**になっています。

なぜ「**死と病気**」は**怖**れられ、**嫌**われるのか

　この意味において、「死と病気」とは「ないもの」「失っていくもの」「消えていくもの」の究極の**表現様式**なのです。

　だから、私たちは**「死と病気」を徹底的に怖れ、忌み嫌う**のです。

　身体が病魔に侵されて朽ちていく、命が削ら

れて消えていく、というのは三次元においては「なくなるもの」「消えていくもの」として、マイナスでネガティブなことなのです。

また、「死と病気」をネガティブで怖いものだと助長させているのは、意外にも現代医学に携わる人たちだったりもします。

診療時に、医師は、すでに不安でいっぱいになっている患者さんに向かって、「あ〜あ、そんなことやってたら、死んじゃうよ」「それじゃ、もっと悪くなるよ」などと言ったりするのです。

実は、このような発言こそ「死は悪いものだ」「死を避けるべき」という考え方がベースにあるのです。

ドクターたちがこのような診療を行うことが原因で、**患者さんたちはおだやかな死でなく、エネルギーが乱れたまま死を迎えることも少なくない**のです。

そして、**その苦しんだ死に様が、その人の家族や周囲の人たちの生き方にもネガティブな形で影響してしまう**のです。

特に、死に関しては、「亡くなる」ことは「無くなる」

ことと同じです。

　身体を持って目の前に存在しているその人がこの世界から完全に消滅するのです。

死こそ、この世界の究極のマイナスであり、ネガティブなこと なのです。

　でも、高次元においては、地球のように"フィジカル"な物質の次元ではないので、この考え方がまったく当てはまりません。

　たとえば、シリウスでは物質化をしようと思えばできても、もともとは、「あるのか」「ないのか」わからないファジーな半透明の次元であり、この考え方自体が適応できないのです。

　もともと身体がない世界では、「身体がなくなったらおしまい」「身体が傷ついたらかわいそう」という概念さえ存在していません。

　そこにあるのは、あなたの魂だけなのです。

　でも今、あなたの身体を包んでいる魂だって、高次元から入ってきたエネルギー体なのです。

　身体というあなたの魂の入れ物の器が消えようとも、あなたの魂は消えないし、無くなることもありません。

　だから、消えること、無くなることを怖れる必要もないのです。

　逆に言えば、「死と病気」は次の創造物への再誕という意味ではプラスであり、ポジティブなものでもあるのです。

死と病気が あるからこそ、 人生が輝く

　スピリチュアルに詳しい人は、「セント・ジャーメイン(サンジェルマン)」という存在をご存じだと思います。

　バイオレットフレーム(紫色の炎)で浄化を行うセント・ジャーメインは、アセンディッドマスターとして知られていますが、不老不死の存在で数百年も生きているという伝説もあります。

　今、日本では平均寿命も延び、高齢化社会を迎えて、「人生100年時代」と呼ばれるようになりました。

　それでも、ストレスフルな社会で生きている現代人は、どんなに頑張っても100歳まで生きられたらいいほうでしょう。

　そこで、「不老不死なんてうらやましな」と思う人もい

るかもしれません。

　もちろん、健康で長寿な人生をまっとうできれば素晴らしいでしょう。
　でも、「死と病気」があるからあなたの人生は輝くのです。

　いってみれば、病気になることで、健康のありがたみがわかるのです。
　病気を克服して、再び、健康を手に入れたときに、それまで見過ごしていたことに感謝ができたり、ぼんやりと生きてきた日々が、生産性のあるポジティブな生き方に変わったりするのです。

　たとえば、あなたが余命３年と言われてしまったら、当然ですが大きな衝撃を受けるでしょう。
　でも、涙が涸れるほど泣きつくしたある日、あなたは立ち上がるのです。
　そして、あなたの毎日は、これまでの人生と比べて凝縮した日々に変わるのです。

　生きているうちに、あそこへ行っておこう。
　あの人に会っておこう。

あれをやっておこう。

そんなアクションは、あなたが死の宣告を受けたから起こせるのかもしれません。

「死と病気」はあなたの人生に激震をもたらした後は、人生を輝かせるのです。

もし私たちが、「死と病気なんてない」という世界に生きていたら、どうなるでしょうか？

もう、おわかりのはずです。

私たちの魂の進化と成長はない のです。

人間の命は有限だからこそ、人は夢や目的を持ち、それらを実現したりしようとするのです。

幸福とは、有限の命の中でこそ味わえるものなのです。

生きたいわ！
千年も万年も
生きたいわ！

——徳富蘆花　（『不如帰（ほととぎす）』）

ああ、人間はなぜ
死ぬのでしょう！

生きたいわ！と同じくらい、死を体験したいわ！って あなたが思ったからよ。

——ドクタードルフィン

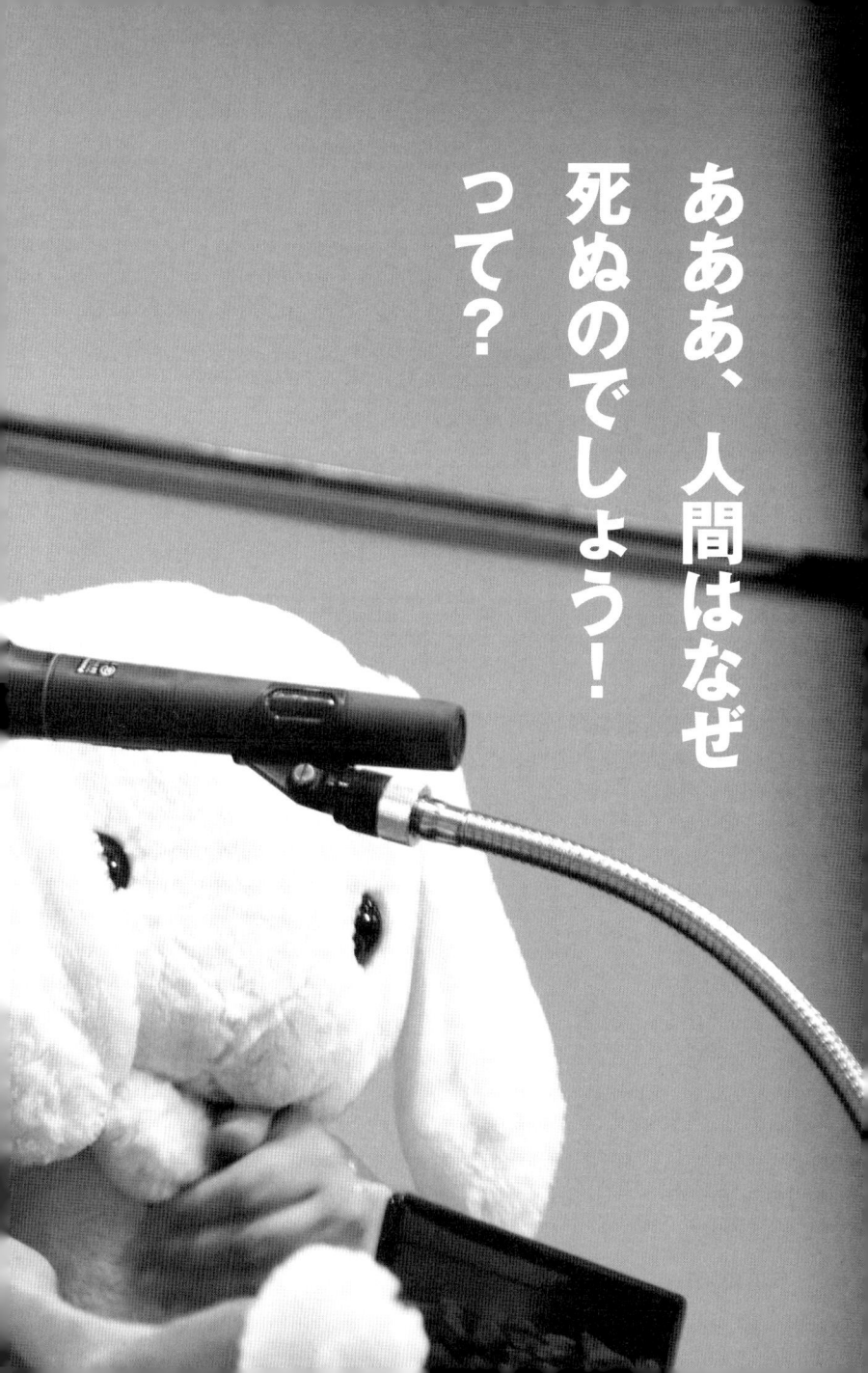

ああ、人間はなぜ
死ぬのでしょう！
って？

あなたは、そのままですでに芸術

　また、芸術というとなにか"優れた表現物"でないとダメだと思っている人もいると思います。

　映画ならアカデミー賞クラスのものでないとダメだとか、小説なら直木賞じゃないとダメとか思っているかもしれませんね。

　でも、高次元の魂の芸術は、何もしなくていいのです。

ただ、**あるがままでいること、そのままであることが芸術**なのです。

　強いて言うなら、**「もがけばもがくほど」芸術性は高い**のかもしれません。

　地球にやってきた魂たちは、もがくことで自分の本当の魂を思い出すので、常にもがき続けています。

　そういう意味において、もがけばもがくほど、苦しければ苦しいほど、そして、お叱りを受けるのを覚悟で言うなら、病気の場合は難病であればあるほど芸術性は高いのです。

　また、**芸術には鑑賞者がいるように、「もがく姿」は、周囲の人への芸術作品にもなっている**のです。

　魂の芸術から学び、また、その魂の芸術を見せてくれたことに感謝し、そして、その芸術と表現者を讃えるのです。

　私たちは、本当ならそんな芸術を見せてくれた人に向けて、こんな言葉をかけあうべきなのです。

「あの人の病気は、素晴らしかったね！」

「あの人の死は見事だったね！」

　令和の時代を迎えた今、こんな言葉が自然に出るような日がくればいいなと思っています。

ハートのエンジェル

人生劇場は いつも上演中

あなたの人生劇場では、
お芝居が 1 年 365 日上演されています。
シアターは、雨の日も風の日も、
休日だってオープンしています。

もちろん、あなたが主演です。

両親や兄弟、友人、恋人に妻や夫、
仕事で出会う人間関係、
趣味のサークルで出会う人から、
ふと街ですれちがう人まで。
あなたの劇に登場するキャストたちは、
すべてあなたが魂で選んだものです。

生まれた町、住む家、通う学校、職場、
旅をする場所……etc.。
すべてあなたが魂で選んだ美術セットです。

泣いたり、わめいたり、怒ったり、
落ち込んだり、喜んだり、
笑ったり、食べたり、踊ったり……etc.
すべての体験があなたの台本に書かれています。

あなたは台本を頑張って覚える必要も
ありません。
魂が全部記憶しています。

ある日は、チケットが満員御礼のソールドアウト。
またある日は、お客さんがパラパラとしか席に
座っていない日もあります。

あなたの劇は、あなたが自分で幕を下ろすまで、
永遠に開演されているひとつの芸術です。

Part
V.

魂の芸術の
さまざまな
カタチ

疼く心だけが
不変の芸術作品を
生み出すのだ。

──イェイツ（アイルランドの詩人）

疼<ruby>疼<rt>うず</rt></ruby>く心の奥にある
魂だけがあなただけの
芸術作品を生み出すのだ。

──ドクタードルフィン

魂たちの芸術のカタチには幾つかのパターンがあります。
ここでは、４つの芸術のカタチをご紹介しましょう。

「魂の爆発――太陽の塔」型アート

「芸術は爆発だ！」という言葉は、芸術家、岡本太郎（1911〜1996）が遺した有名な言葉であり、1970年の大阪万博で披露された **「太陽の塔」** は、今でも大阪のシンボルとして永久保存されています。

　実は、この「芸術は爆発だ！」という名言こそ、「死と病気は芸術だ」という言葉を説明するのにぴったりな言葉なのです。

「死と病気」に直面したときに、その人のすべては一瞬で変わってしまいます。

　たとえば、これまで順風満帆な人生を送っていた人ががんを宣告されたり、不慮の事故に遭遇したりすると、人生がその日から大きく変わってしまうのです。

　その人やその人の家族、そして、その人の人生のすべてがガラリと変わるのです。

　それはまるで、自分の頭上に爆弾が落ちて来たような大激震かもしれません。

　死という恐怖、病気という敵が突然襲ってくるのですから。

　それでも、**この突発型、爆発型のイベントがあるからこそ、自分の本来の魂に気づく**のです。

　かつて、前衛的な作品である「太陽の塔」が当時の多く
の人の目の前に突如登場して大きなインパクトを与えたよ
うに、この爆発型の芸術は、その本人や周囲の人を巻き込
みながら、一瞬ですべてを衝撃的に変えてしまうほどのパ
ワーを持っています。

　魂によっては、一瞬で自分の人生を変えて、さらなる進
化を遂げようと爆弾型のイベントをあえて設定してきてい
るチャレンジャーもいるのです。

　そんな強いスピリットを持った魂こそが、ひとつのアー
トなのです。

「魂のジグソーパズル」型アート

「ジグソーパズル」は、さまざまな形のピースがきれいに合わさったときに、初めて1枚の美しい絵が完成します。

　たとえば、100個のピースがあるジグソーパズルの場合、そのうちの1つのピースでも欠ければ、ジグソーパズルは完成しません。

　実は、このジグソーパズルの1つのピースが、あなた自身なのです。

　ジグゾーパズルの1つのピースがデコボコだったり曲線を描いているように、あなた自身の**魂のカタチも、ゆがんだ形**をしているのです。

　それなのに、両親や学校の教育、社会の常識は、「きれいな丸い形になるべきだ」ということをあなたに押し付けるのです。

　だからあなたは、無理やり自分の魂の形を変えようともがきます。

　でも、あなたの魂の形はデコボコだったり、ゆがんだ形をしているので、いくら頑張ってもきれいなまん丸にはならないのです。

　もしくは、いったんキレイな丸になったとしても、また元の形にぐにゃりと戻ってしまうのです。

結局、あなたが本来の自分のいびつな魂の形に気づき、そのことを認めないと、1つのピースにはなれないのです。

そうなのです。あなたの**魂の形は歪（ゆが）んでいるかもしれませんが、それがひとつの完全なアート**なのです。

そして、そのいびつさがダイアモンドの原石のように、キラキラと光を放っているのです。

あなたが、**自分の生まれ持った形に気づいたとき、ピースがピタッとハマって社会との完全調和が完成する**のです。

また、あなたというひとりの個人も、たくさんのピースから出来上がっています。

たとえば、生まれる国や親、兄弟、家族というピースに学校や会社、仕事に病気や死というピースもあります。

これらの**すべてのピースたちがすべてぴたっと**

かち合わない限り、あなたは完成しないのです。

　つまり、「こうあるべき」「こうなるべき」となってしまい、**自分だけの個性を無視して各々のピースの形を変えようとするから、あなたはいつまでも完成せずに、" 自分探し " をしてしまう**のです。

　当然、あなたに訪れる死や病気さえも、あなただけの形があるのです。

　それなのに、他人や医師の意見など周囲の情報などに惑わされてしまい、ついつい自分の死と病気のカタチを変えようとして、よけいに事をややこしくしてしまうのです。

　自分の形を受け入れることは、自分が何者であるか、ということを知ることです。

　あなたは、**世界でひとつのいびつな形をしたピース**なのです。

　そして、その**いびつな形をしたあなたの中に、世界でひとつだけのいびつな形をした無数の**

ピースたちがきれいにぴったりと隙間もなく収まっているのです。

　それこそが奇跡であり、ひとつの芸術なのです。

「魂の 打ち上げ花火」 型アート

真夏の風物詩である **「花火大会」**。

　夜空に打ち上げられる花火は、私たちの日常のワンシーンの中でも、とりわけ非日常で幻想的であるイベントです。

　たくさんの人々が見上げる夜空に、色とりどりの鮮やかな花火が「私を見て！」といわんばかりに、打ち上げる音に続いて、夜空に大輪の花を咲かせるように広がります。

　花火が次々に打ち上げられる夜空を見上げているだけで、私たちはそのスペクタクルな光景にうっとりと魅了されてしまうのです。

　最近は、花火の世界も進化していて、その色や形にもバリエーションが工夫されていて、「こんなにすごいことができるんだ！」と感動してしまうほどです。

　でも、花火は「わあ〜！　なんてキレイなんだろう！」と思った瞬間に、そのカタチはすでに暗闇の夜空に吸い込まれるように消えていくのです。

　どうして、花火はこんなに人を惹きつけるのでしょう。

　それは、" 一瞬だけ " のはかない美しさだからです。

　Part IV の「死と病気があるからこそ、人生が輝く」でも述べたように、**永遠に続かない刹那の美に、私**

たちは夢中になり、釘付けになるのです。

　花火こそ、一瞬で大勢の人の心を動かす、という意味では究極のエンターテイメントです。

　そして、悠久の時の中で生きる魂を持った地球人という視点に立つと、私たち一人ひとりが「夜空に一瞬に咲く花火」なのです。

　どんな花火ももれなく見事で美しいように、あなたももれなく見事で美しいのです。

　「花の命は短くて……」という言葉がありますが、あなたが肉体を持ちこの世界で生きる人生も、ある意味、一瞬なのです。

だからあなたにも、その**一瞬の美しさを大胆に咲かせてほしい**のです。

　たくさんの人の心に残るように。

無理やり細く長く、いつまでも咲こうとすることが美しさにつながるものでもありません。

　さあ、あなたの魂が選んだ今回の人生の花火はどんな色でどんな形なのでしょうか？
　あなただけのアートで、たくさんの人を魅了してほしいのです。

「魂の ミュージアム」 型アート

地球という場所は、高次元から見れば、**「巨大な実験場」** のようなものであるのですが、別の見方をすれば、地球全体は科学博物館のような **「ミュージアム」** でもあると言っていいでしょう。

　私たちは、この地球のミュージアムにおいて、**一人ひとりが作品のクリエイターとしてありとあらゆる創造をしている**のです。

　特に、「死と病気」に関しては、恐怖や絶望、落胆、葛藤、あらゆる感情が渦巻くことから、100人いれば、100個のユニークな作品が誕生するのです。

　ミュージアムでは、フロアごとにテーマ別に作品が展示されています。
　ミュージアムの「死と病気」というフロアに一歩足を踏み入れると、そこには、さまざまな死と芸術をテーマにした作品が展示されているのです。

　ある絵画は、死を前にして嘆き、泣いていたりする人が描かれています。
　ある彫像は、死に直面してなぜか微笑みを浮かべている像が展示されています。

　また、ある映像では、ある人が死というモンスターと楽しくダンスを踊っています。

　あるインスタレーションでは、主人公が死と親友になって一緒に旅に出ています。

　そんな作品たちを訪れる人々は、じっと眺めているのです。

　ある人は、ある作品の前は素通りしたのに、ある作品の前ではじっと立ち止まって何分も見続けています。

　ある人は、ミュージアムの外のカフェで、作品のことを思い出しながら、また、そのテーマについて考えながらお茶を飲んだりしているのです。

　地球上のすみずみでは、今のこの瞬間もたくさんの死と病気がたくさんの作品を生み出しています。

　私たちは**全員が「死と病気」展の入場者であり、そして、いつか自分たちも展示物**となるのです。

ひとつの芸術作品として。

魂の芸術のさまざまなカタチ

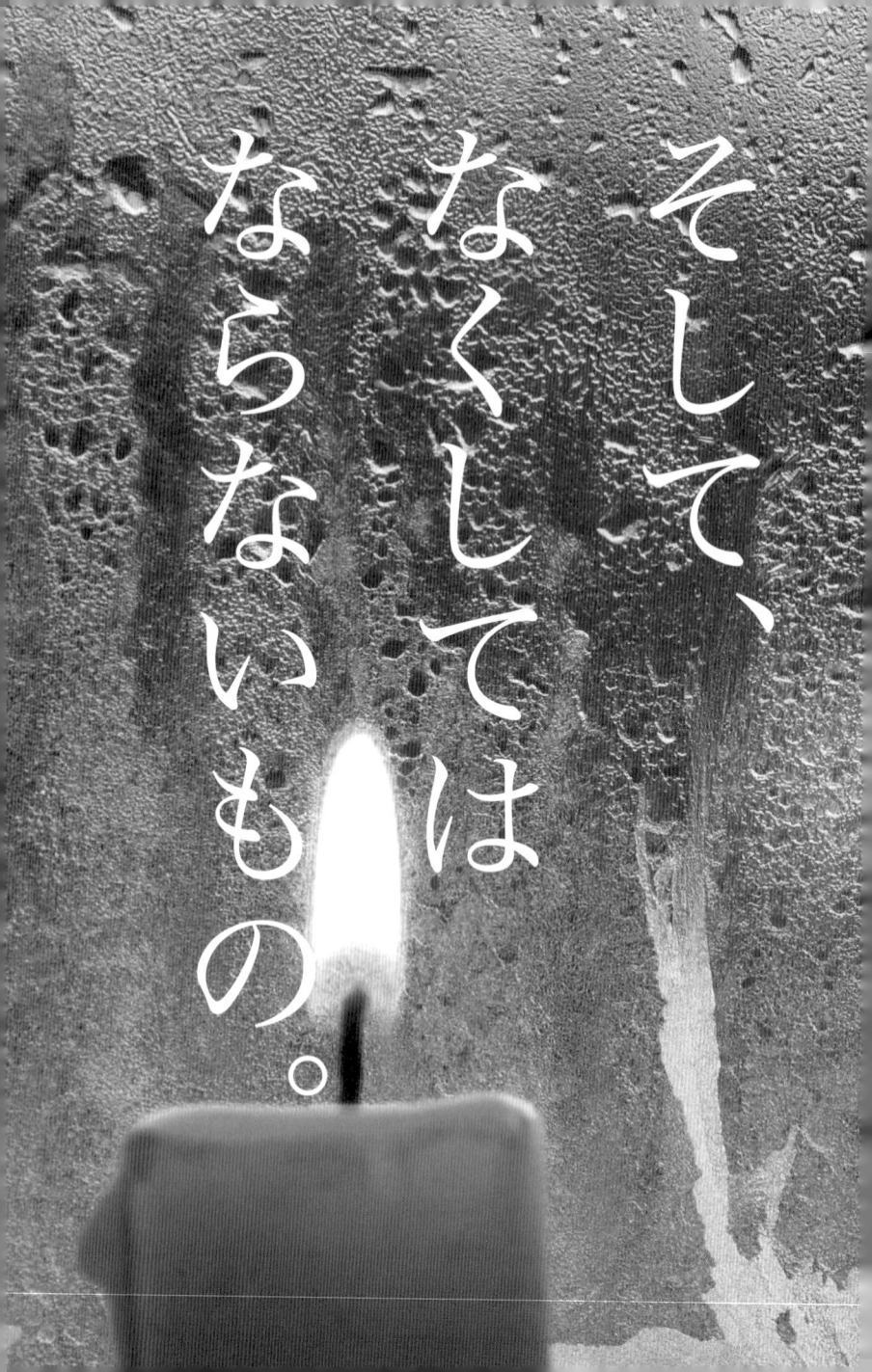

そして、
なくしては
ならないもの。

死と病気は
なくては
ならないもの。

Part
VI.

魂の
芸術作品
たち

病気は、どうして
私を選んだのだろう。
運命なんていう言葉では
かたづけられないよう。

——木藤亜也　『1リットルの涙　難病と闘い続ける少女　亜也の日記』

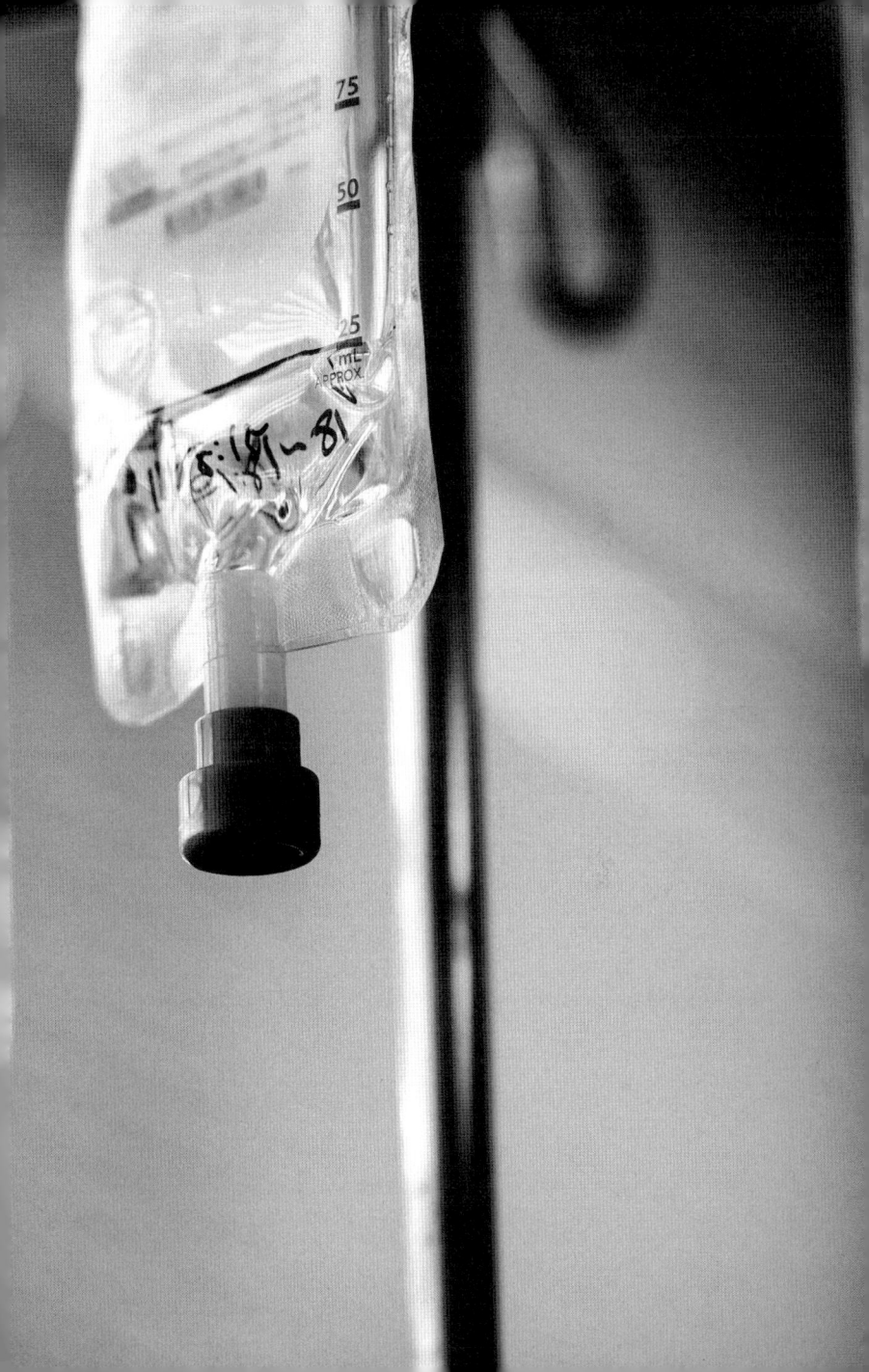

Doctor Dolphin

2年目を迎えて更にパワーアップ！

ドクタードルフィン Diamond倶楽部

Facebook上の秘密のグループを利用した
ドクタードルフィン唯一の会員制オンラインサロン

会員特典 1 毎月3回以上、高次元スペシャルDNA コードイン (エネルギー調整) を映像で オンライン生配信！

会員特典 2 ドクタードルフィン松久正から直接 メッセージを配信！非公開秘蔵映像・ 写真の共有もあります！

会員特典 3 秘密のサロン空間で会員同士の安全 な交流が可能です。ドルフィン先生 から直メッセージを頂くことも！

詳しくは、ホームページをご覧ください。

https://drdolphin.jp/events/salon?from=book1811
無料の公式メールマガジンにも登録いただけます！

お問い合わせ：DRD エンタテイメント合同会社

📞 0467-55-5441　　✉ salon@drdolphin.jp

あなたが病気を選んだのです。魂の進化・成長のために、あなたの運命を最高のものにするためにね。

——ドクタードルフィン

一人ひとりが
唯一無二の
芸術作品

　地球上にいる**75億の魂たちは、そのひとつひとつがユニークで唯一無二の芸術作品**です。

　誰ひとりとして、誰かと同じ、というものはありません。

　たとえ、一卵性双生児であったとしても、その魂はまったくの別ルートから成っています。

　あなたがこの世界に生まれてきて、そして旅立つまでのプロセスがひとつの壮大な芸術であり、その生き様も芸術なら、死に様だって芸術なのです。

　ちょうどこの本の執筆時に、安楽死を選んだ一人の女性のドキュメンタリーがテレビで放映されて話題になっていました。

　難病を患ったある女性が安楽死をするために安楽死が法

的に許されているスイスへ渡航して、家族に見守られながら自分で命を絶っていく姿がカメラに収まっていました。

　ご存じのように、日本ではまだ法律的に安楽死は認められていません。

　そこで、その女性はまだ自分で動ける体力があるうちに、安楽死ができるスイスの施設へと旅立ったのです。

　その方は、自分が自分であるうちに自分の命を終えたい、という気持ちを持っていました。

　意識はあるのに、将来的に生きるために必要なすべての行為に介護が必要になってくるという状況が、自立した魂の彼女には耐えられなかったのです。

　彼女のケースは、安楽死というよりも尊厳死と言えるでしょう。

　彼女は、亡くなる前日の夜には施設で家族と最後の晩餐をした後、翌日、「ありがとう。幸せだった」と家族に伝えながら自らの命を絶っていきました。

　家族たちもその様子を受け止めて、涙を流しながら「ありがとう」と声をかけ合いながら、別れの瞬間を分かち合っていました。

　それは、その女性にとって、彼女の魂が描いた「死」の芸術作品でした。

彼女は自分の死をお茶の間を通して何十万人もの人々に見せつけることで、世の中に病気と死に向き合う姿、そして、安楽死の考え方を問いかけるという大きなミッションがあったのだと思います。

このドキュメンタリー番組は放映後、大きな反響を呼び、ネットなどでは激しい議論が展開されていました。

彼女の精神を尊重する考え方があれば、こういったケースは自殺ほう助になってしまう、というような意見も多く寄せられていたようです。

その中でも、私が着目したのは、ある医療機関のサイトで、この番組は安楽死を人々に問いかけるという意味で意義があったとしながらも、死の瞬間を映像に収めたことを疑問視するコメントを発表していたことです。

医療の現場では、死と病気が常に隣り合わせにあるわけですが、そんな現場でもまだまだ「死はタブー」なのです。

これからの地球では、「死と病気を芸術だ」とすべての人が受け入れることが、最高の芸術にな

るのです。

死は不快なテーマであり、

私たちはそれを頭から追い出そうとする。

たとえ死に直面したときにさえ、

それについては考えない。

たいていの人は、

どうしても死について考えたくないのだ。

———シェリー・ケーガン
『DEATH 死とは何か　イェール大学で23年連続の人気講義』

死は日常のテーマであり、

私たちのいつも身近にあるもの。

だから、たとえ死に直面したとしても、

いつものあなたのままでいい。

死は、あなたの魂にとって

新しい世界への旅立ちだから。

———ドクタードルフィン

ステージ４を受け止めたからこそ、魂が輝くＡさん

　それでは、ここからは、私の診療所に来られる患者さんたちが見せてくれた芸術作品を幾つか紹介してみたいと思います。

　Ａさん（50代・女性）は、乳がんが全身に転移したステージ４の末期の状態で私の元を訪ねてきました。

　私の所へ来たときは、すでにがんが肺から脳に転移して、ついには頭蓋骨にまで広がっていました。

　彼女は、担当医からは「もう何もすることがない」と言われていました。

　担当医が勧められることと言えば、苦痛を和らげる治療や緩和ケアで終末期を過ごすことだけであり、それが彼女の人生に残された選択になったのです。

　けれども、彼女はそれを選びませんでした。

　そして、通っていた病院での治療やケアを一切拒否して、私の所へやってきたのです。

　彼女は今、週に一度私のクリニックに通って来ています。

　電車が数時間も止まるような大雨の日にも、バスを乗り継いででもやって来るのです。

　先日、大雨が降りしきる中をずぶぬれになって来られた彼女は、すでに体力も消耗してしまっていて、もうふらふらになっていました。

　けれども、彼女の身体を支えて付き添われてきたご家族は、「どうしてもここに来たい！　って言ってきかないんですよ」と困惑しながら、それでも、少しうれしそうにおっしゃっていたのが印象的でした。

「病院に行くと、なんだか命を吸い取られそうな気がする。でも、ここへ来ると不思議と元気になれるんですよ！」

　去り際に彼女はニコッと笑いました。

　それは、**内側から輝くような笑顔**でした。

　彼女の身体は、支えが必要なほどふらふらなのかもしれませんが、**彼女の魂には、パワーがしっかりとチャージされている**のが私にはわかりました。

そんな彼女の **" 魂のスマイル "** を見せつけられた私は、「なんて、崇高な魂なのだろう……」と思ったのです。

　あの魂からの笑顔が芸術でなかったら、いったい他の何を芸術と呼ぶのでしょうか。

怒りが消えて おだやかに 旅立った B さん

　B さん（60 代・男性）は、肺がんの患者さんでした。

　彼は、誰もが知っている大企業で重役までを務められたエリート企業戦士であり、常にこの社会において "勝ち組" の人生を歩んで来られた方でした。

　そんな彼が、がんになってしまったのです。

　それは、彼の人生にとって初めての敗北でした。

「どうして、この俺ががんなんかに！　どうして、こんなことに！」

　彼は、自分ががんになったことがどうしても許せませんでした。

　これまでの人生では、**厳しい競争社会においても彼は常に勝ち組だったのに、あろうことか、自分自分に負けてしまった**のです。

彼はそのことにショックを受けて落胆し、失意のどん底まで落ちてしまいます。

　しかし、彼の場合は、そこからはガックリと落ち込むというよりも、いらだちと怒りの感情ばかりが自分を支配しはじめたのです。

　彼は幾つもの病院を回っても、同じ診断を受けることになりました。

　自分ががんになったことがまだどこかで信じられない彼は、病院への不信感がつのり、最終的に私の元を訪れたのでした。

　初めて会ったときの彼は、いらだっているだけでなく、全身が熱を帯びていたのを覚えています。

　それはまるで、がん細胞が彼の身体を猛攻撃しているかのようでした。

　彼が怒れば怒るほど、つまり、自分を否定すればするほどにがん細胞は活発になってしまうようにも思えたものです。

　ところが、そんな彼にも少しずつ変化が見えてきます。

　何回か私の元に通院していると、少しずつ彼の気持ちが落ち着いてくるのがわかりました。

　最初は私の目さえ見てくれなかった彼も、少しずつ私と目を合わせて話をするようになり、その瞳から怒りの感情が消えているのに私も気づきました。

「ここへ来ると、熱が下がるんですよ」
　と一緒に来られたご家族がおっしゃいます。
　熱が下がったことで、彼の怒りの感情も消えていったのでしょうか。
　いや、怒りの感情が消えたことで、彼の熱も下がったのです。

　数か月後、すでにがんが全身に回っていた彼は、この世から旅立っていきました。
　私がそのことを知ったのは、彼のご家族が私の元へ報告にきてくださったからです。

「最後の言葉は、"またドルフィン先生のところに行きたいな〜"だったんですよ……」
　旅立つ前の彼は、**自分ががんだとわかって以降、常にイライラして怒りを爆発させていたような日々とはまったく別人のようにおだやかになっていた**といいます。

彼の最期の姿がおだやかだったことで、ご家族も心おだやかに彼を見送ることができたのです。

がんで亡くなった彼は、彼が当初そう思っていたように自分に負けたのでしょうか?

いえ、決して、そんなことはありません。

おだやかに旅立っていった彼は、自分の人生をシナリオどおりに生きただけなのです。

最後の最後に、彼はおだやかな死を迎えるために、彼にとって肺がんになることは彼の人生での大きな学びだったのです。

そんなハードルの高いシナリオを自分で書いていた彼は、勇敢なチャレンジャーだと言えるでしょう。

そして、そのシナリオを立派に自分で演じきったのです。

そんな彼の人生こそが最大の芸術作品なのです。

魂が望む死は おだやかな死

魂は、おだやかに命を引き取ることを望んでいます。

不安や恐怖の中で命を終えるという死に方は、シナリオにはありません。

だから、**死は怖いという思いのままで亡くなると、あなたの魂はまた学び直す**ことになります。

さらには、**そんな死を迎えたあなたを看取る家族たちにも課題を残す**ことになります。

かつての私は、延命治療を施されている患者さんにたくさんのチューブがつながれている姿を見て、「ひどい拷問だ！」などと言っていたものです。

けれども、今ではもう、そんなことはどちらでもいいと思っています。

重要なのは、もし、延命治療を受けている人がいるのなら、**その人の表情がおだやかな顔をしているかどうか、**ということなのです。

もし、**拷問のようにも見える延命治療を受けていても、おだやかな顔をしているのなら、それは、その人のシナリオに書かれていたこと**なのです。

でも、もし苦しそうな顔をしているのなら、それはシナリオにはなかったことです。

だから、そんな場合は、医学界の常識や家族の自己満足のために延命治療を行うことはしないであげてほしいと

思っています。

　ただ命を長らえることだけが魂の望みではないのです。

　抗がん剤の治療にしても同様です。

　強い副作用があっても、その人が苦しんでいるのか、もしくは、おだやかな顔をしているのかどうか、ということです。

　このことは、特に患者さんのご家族に観察しておいていただきたい点です。

あなたのその言葉は、脳の言葉ですか？
それとも、魂の言葉ですか？

魂から湧き上がってくる言葉だけが本物です。

では、どうしたら、それが脳の言葉なのか、
それとも、魂の言葉なのかを
知ることができるのでしょうか？

その答えを、あなただけに教えましょう。

もし、その言葉があなたに
"おだやか"に響くなら、
それは魂からの言葉です。

「死にたい」が
口癖だったCさん
が生まれ変わる

　Cさん（30代・女性）は、私の所に最初に来たとき、「死にたい」という言葉を何度も繰り返していました。

　彼女は、「自分には価値がないから、もう私は生きている意味がない」というのです。

　実際に、彼女のご家族によると「死にたい」という言葉は、その頃の彼女の口癖になっていたそうです。

　もちろん、彼女もなんとかそんな状況から脱出したいともがいてはいたのです。

　そこで、精神科に通って、治療の一環で抗うつ剤を服用していたのですが、うつの症状はちっとも良くなりません。

　ついに、彼女のご家族は、このままでは本当に自殺をしてしまうのでは、と意を決して私の元へ連れてきたのです。

　初めての診療の日、目の前にいたのは生気の抜けたひとりの女性でした。

　私には、彼女の魂が病院で出される薬で抑えつけられているのがわかりました。

　魂が本来の自分を生きられずにもがきながら自分を探そうとしているときに、また、魂が顔を出そうとするたびに、それを邪魔するかのように、上から薬で魂が抑えつけられているのです。

　それは、**すでに真っ暗な闇の中にいるのに、さらにその上から目隠しをしているようなもの**なのです。

　暗闇の中にいる彼女の姿は、まさに魂の抜け殻そのもので、もはや生命が消えかかっている、とさえ思ったほどです。

　私は早速、彼女の松果体のポータルを開くと同時に、まずは徐々に抗うつ剤を飲むのを止めてもらいました。

　彼女にとって薬を止めることは勇気のいることですが、薬で抑えられた魂を解放するためにも、とにかく薬を止める必要があります。

すると、何度か通ってくるうちに、彼女に少しずつ生気が戻ってきたのがわかりました。

　炎が消えそうだったキャンドルがもう一度燃えはじめて、光を取り戻したのです。

　ある日、表情に命が再び宿った彼女が一言。

「先生、私、やりたいことがわかったんです！」

　彼女は自分の夢を叶えるアクションを起こしはじめていました。

　そこには、数か月前に「死にたい」を繰り返していた女性はいませんでした。

私の目にも **まったくの別人に見えた** ほどです。

　死ぬことまでを考えていた人に生命が吹き込まれたとき、**そのふり幅は、大きくプラスの方に揺れていく**のです。

　そこまで一度落ちたからこそ、大きなステップをクリアできたり、小さな目標が叶っただけで大きな喜びにつながるのです。

　おそらく、**彼女はこの喜びを味わうために「死にたい」という自分を設定していた**のです。

　これも、彼女なりの芸術のひとつの形だと言えるでしょう。

骨の太さが変わる奇跡を見せてくれたＤ子ちゃん

　Ｄ子ちゃんは２歳の女の子でしたが、生まれつき右上下肢が通常より太いという先天的な異常を抱えていました。

　母親に連れられてきたＤ子ちゃんのレントゲンを撮ると、右の上肢と下肢の骨が左の約２倍くらいの幅があるのです。

　下肢の筋肉も腫れあがっていることから、一見すると普通の状態の２〜３倍くらいの足の太さに見えるのですが、骨自体は２倍程度太いのです。

　Ｄ子ちゃんは数か月間、私の診療所に通うことになりました。

　Ｄ子ちゃんの松果体のポータルを開き、高次元とつなげてDNAを書き換えました。

　すると、数か月後、見た目の足の太さはほとんど変わらなくなりました。

　そして、骨の太さも通常に戻ったのです。

　現代医学では、骨の太さが変化することなどは、普通なら絶対にありえないことです。

　でも、**高次元とつながるとこのような変容も瞬間的に起きる**のです。

　高次元とつながるということは、一瞬で新しい自分が降りてくるということでもあり、そこにはプロセスなども一切必要ないのです。

　このエピソードは、D子ちゃん自身が、「こんな奇跡も起きるんだよ」ということを私たちに見せてくれるひとつの芸術作品なのです。

私が病気を治すのではありません！

　D子ちゃんに起きた奇跡のように、私の診療所を訪れる方にもさまざまな奇跡が起きています。

　ときには、末期がんの方のがんが奇跡的に消えます。

　では、私は奇跡を起こすドクターなのでしょうか？

　実は、**奇跡を起こしているのは他でもない患者さん自身**なのです。

　たとえば、ステージ４のがんが消えるのなら、それも

シナリオに書かれているのです。もしくは、シナリオが書き換えられたのです。

「この人生でがんを持つけれど、そこから学ぶことでがんは治癒する」というシナリオです。

　でも、この人生でがんを患うことを決めて来た人が「どうして私ががんなんかに！」と、いつまでもがんを拒否したり、不平不満ばかり言ったりしていると、その人のがんはいつまでたってもステージ４のままだったりします。

　私は、ステージ４のがんをステージ３にすることはできないし、魂の法則に反することはできないのです。

　私は、その人の魂がよりその人にとって学びやすい方向にお手伝いはできますが、がんで死ぬというシナリオのように、その人の魂が決めてきたことに介入はできないのです。

　気づきや学びにより、その人が「自分はがんのステージ４になる必要があった」ということが理解できたり、がんへの不安や恐怖がなくなると、がんは縮小したり、場合によっては奇跡も起きたりするのです。

奇跡を起こしたいなら、あなたの病を受け入れなさい。

　そして、**あなた自身をひとつの芸術として愉^{たの}しみなさい、**ということです。

IQが半年で平均値になったE君

　E君のお父さんは、息子の将来のことを心配してE君と一緒に来院されました。

　知的障害があると認定された彼の息子である小学校2年生のE君は、学校では普通のクラスではなく特別支援学級に通っているとのことです。

　E君のIQ（知能指数）は70ということでした。

　半年間で数回の診療を受けたE君が再度IQを測ると、数値が26上がり96になっていました。

　基本的に、IQの平均値は100とされており、数値が90以下だと知的発達に遅れがあり、90〜110だと普通レベルの知能があるとみなされます。

基本的に IQ は、トレーニングで上げることは可能なのですが、それでも 10 ポイント前後上がればいい方だといわれています。

　それが、何の専門的な教育もせずに、ただ私の元へ通ってきただけで、なんと 26 も一気にアップしたのです。

　E 君のお父さんは、この結果にどれだけ喜んだことでしょうか。

　こうして、E 君は現在、今では普通のクラスに通い友達もできて楽しい学校生活を送っているということです。

　誰もが高次元とつながれば、その人が設定してきた魂のシナリオを思い切り生き切ることができるのです。

　個人的には、この世界で魂を輝かせながら人生を生き抜くのに、地球次元の "IQ" という知能レベルを評価する基準がすべてだとは思いません。

　それでも、E 君は、松果体のポータルを開くだけで IQ がここまで変わるのだ、**人間はこんなに大胆な変容も可能なのだ、**ということを私たちに知らしめてくれたのです。

　そして、そんな少年の姿もまた、ひとつの芸術作品でもあるのです。

耳鳴りで "魂のトリック"を 体験したFさん

　ひどい耳鳴りに悩まされているFさんが私の診療所を訪れてきました。

　慢性的な耳鳴りによって日常生活にも大きな支障が出てしまい、精神的にもまいってしまっているFさんは、「耳鳴りさえなければ！」「耳鳴りのせいで自分は不幸だ！」と常に不満を漏らしていました。

　実際に耳鳴りが起きてしまうのでしょうがないのですが、とにかくFさんは耳鳴りのことを常に意識してしまい、耳鳴りのことが気になってしょうがないのです。

　そして、そのことで、さらにイライラしてしまうのです。

　そこで私は、「耳鳴りを気にしてもいいんですよ。耳鳴りは起きてもいいんですよ」とお伝えしたのです。

すると、Ｆさんは怪訝（けげん）そうな顔をしていました。

でも、**「あるものをないことにしよう」とすること自体が間違い**なのです。

それよりも、**「これも、あってもいいんだ」「これも自分なんだ」と受け入れることが大切**なのです。

すると、何度目かの診療時のＦさんはなんだかすっきりした顔になっていました。
「先生、耳鳴りが気にならなくなりました！」と言うのです。

そして、実際に耳鳴りの症状が以前に比べて軽くなってきて、もうほとんど気にならないくらいになったということでした。

これはつまり、Ｆさんは自分に起きる耳鳴りを受け入れたことで、もう、彼にとって、自分の魂が設定した耳鳴り

という症状を持つ必要はなくなった、ということなのです。

　これがつまり、**魂のトリック**　なのです。

　自分の魂に必要なシナリオをいったん、受け入れると、もうそのことが必要ではなくなるから手放せる、ということなのです。

　Ｆさんがいつまでも耳鳴りを失くそう、耳鳴りから逃げよう、としていたら、もしかしてまだＦさんは、さらなる耳鳴りに悩まされていたかもしれません。

　ときには、あなたの魂は、こんな形で気づきを与えてくれるのです。

　それも、ひとつの芸術なのです。

魂が目覚めれば、すべてが変わる

　どの方のケースも、魂がその本質を取り戻したときに、その魂だけの奇跡的な光景を見せてくれるのです。

　それは芸術そのものであり、どの芸術作品もユニークで個性的です。

　それに、決して、ありえないような**奇跡ばかりが美しいというわけではない**のです。

　扉を開けて診療室に入って来たときはしかめっ面や落ち込んでいた人が、帰り際にはニコニコ顔になったりする、**そんな小さな変化だって私にとっては奇跡であ**

り芸術なのです。

　他にも、部屋に入ってきたときには顔色が悪い人が、出ていくときには血色のいい顔になっていたり、肌がカサついたり、シワが目だっていた人がツヤツヤの肌になって出ていきます。

　中には部屋を出ていくときには、身長が伸びている人もいたり、人格さえもまったく変わっていたりする人もいます。

　さらには、診療室から出ていくときには、「なんだか10歳若返ったみたい！」と言って去っていく女性も中にはいます。

　これは、魂が若返るから身体も瞬時に若返る魂のアンチエイジングのなせる業なのです。

　そんな女性たちは、私の診療所を「魂の美容整形外科」と呼ぶ人もいたりしますが、実際にこんな常識はずれのことも起きたりするのです。

　こういったことは、遠隔診療でも同じように起きたりします。

　直接対面で診療をしていなくても、高次元とつながるだけで、どんな変容だって可能になるのです。

その人のエネルギーが変われば、周囲が変わり、生きる世界が変わるのです。

　どんな人たちも存在するだけで芸術作品ですが、それでも、死と病気に直面した人がむきだしの魂になれたときの高次元の芸術は、とりわけ崇高なものになるのです。

死ぬことは眠ること。

それ以上のものではない。

眠ってしまえば

心の痛みも肉体に付きまとう苦しみも

終わらせることができる。

――シェイクスピア『ハムレット』より

死ぬことは芸術である。

これ以上のものはない。

ひとつの作品が完成したときに

あなたの魂が決めてきたミッションを

終わらせることができる。

――ドクタードルフィン

Part
VII.

魂のままに
生きる
ために

地球人は、"比較"がお好き？

「なりたい自分を叶える！」

　こんなタイトルの自己啓発系の本が巷にはあふれています。

でも、「こうなりたい」という願望は、他者との比較から生まれているものです。

「あの人が成功しているから、自分ももっと成功したい」

「あの人みたいに、もっと美しくなりたい」

「あの人より、お金持ちになってやる！」

　基本的に、自分一人だけで他に比較対象がない場合、「こうなりたい！」という願望は生まれてこないものです。

　けれども、私たちの周囲にはたくさんの比較対象物が存

在していることから、脳は常にそれらと自分を比較しているのです。

そして、あなたの脳が比較をすればするほど、宇宙の真理から遠ざかってしまうのです。

魂は他の誰とも、他の何とも比較をしません。

宇宙にも「比較する」というコンセプトはないのです。

そして、おおもとのゼロポイントから生まれた魂は、自分のことが最高傑作だと知っているし、実際に最高傑作なのです。

このような、地球と宇宙の本質の在り方の乖離も、またひとつの芸術なのです。

Part. III において、ほとんどの地球人は、不安を学びに来ることを説明しましたが、地球人が不安にかられて七転八倒している姿も、宇宙の存在たちからすれば地球シアターのコメディショーだったりするのです。

あなたは、そのままで最高傑作であることを気づいてください。

それは誰と比較して優れているという意味での"最高"ではありません。

^{ただ、}そこに在るだけで、唯一のオンリーワンというだけの最高傑作

なのです。

だから、**比較もいらないし、努力もいりません。**

生きているだけで、すでに素晴らしいのです。

生きてるだけで、まるもうけ

——明石家さんま

それ以上、何をしろと？

——ドクタードルフィン

生きてるだけで、命がけ。

私が "不幸度 コンテスト" を する理由

「今、自分のことを不幸だと思う人、手を挙げてくださ〜い!」

　とんでもない質問かもしれませんが、私はよくセミナーに参加されている皆さんにこんな質問をします。

　すると、何人もの方が手を挙げてくださるので、それぞれの方々に自分がどれだけ不幸かを順番に語っていただきます。

　ところが、そのほとんどの方は、「もう少し経済的に豊かになりたい」とか「家族の問題で悩んでいる」「仕事のことで悩んでいる」などの問題がほとんどです。

　そこで、「では、首を吊ろうとまで思った方は？」「手首を切ろうとまで思った方は？」という質問をすると、誰もが手を下ろします。

　そうなのです。

　皆さんの不幸は、そこまでたいした不幸ではないのです。

　まだ、なんとかすればなんとかなる、というようなシチュエーションが多いのです。

　でも、私がその場で探しているのは、自分を究極まで追い込んでしまっている、本当に切羽詰まった、もうどうしようもない "最大級に不幸な人" なのです。

　私は、その場にいる**不幸度の一番高い人を選び、その人の松果体のポータルを皆の前で開き、目の前で瞬時に、その人の人生を変容させる**のです。

　でも、自分神でもある魂は、ちょっといじわるだったりします。

　あなたが、もがいて、もがいて、もがききらないとあな

たを救ってはくれないのです。

　あの「奇跡のリンゴ」で有名な木村秋則さんのエピソードがいい例です。

　木村さんは、無農薬のリンゴをつくりたいと何年間も努力に努力を重ね、あらゆる策を講じて、何千回ものトライアルを経ても自分の望む結果は決して得られませんでした。
　そして、最終的に、もうやれることはすべてやった、自分がいない方が家族は幸せになれるだろう、と自殺を考えて山の上まで登り、このあたりで首を吊ろうと木にロープを投げ掛けたとたんに、ロープが思わぬ方向へ飛んでいったのです。
　そして、ロープを拾いに行った場所で、彼の探していた奇跡のリンゴを育てるために必要な土を発見するのです。
　死のうとしたまさにその瞬間に、何年間もずっと探していた答えを見つけたのです。

　そのとき、奇跡の芸術が起きたのです。

宇宙のサポートを受けるための2つのシークレット

　木村さんのエピソードは、魂があなたにミラクルを起こす良い例です。

　魂は、中途半端なレベルではあなたをサポートせずに、そっぽを向いています。

　あなたが、神社に行って、「神様！　助けてください！お願いします！」と言っているレベルではまだ甘いのです。

　あなたの魂は、あなたの中で「いや、それ、ちょっと違うんじゃない？」とつぶやいています。

　あなたは、自分で設定してきた課題に向き合い、もがいているときにしか、気づけないのです。

　自分神である魂がそれを"認める"のは、本当にあなたが極限まで行った瞬間です。

それは、一生に一度あるかないかの状況のはずです。

そして、もうひとつは、あなたがもがききって、「これでいいのだ！」という境地に達したときに、それは起きるのです

魂がそれを認めたときに、初めてそのことは動くのです。

そのとき、宇宙の叡智があなたの中にドドドドド!!!!!　となだれ込むように入ってくるのです。

それは、あなたへの最高の祝福です。
そして、あなたは、自分が今ここにいることに感謝できるのです。

「病気でもよかったんだ！」「死んでもいい！」というそこまでの覚悟が究極のレベルで起きたときに、あなたは、むきだしの魂だけの姿になれるのです。

　それは、魂が歓喜の声を上げる瞬間です。

「僕は、私はここにいたんだよ！　やっと気づいてくれたね！」

　あなたがこれまでもがいていた顔から、至福の顔へと変わるそのビフォーアンドアフターこそ、芸術なのです。

　だから私は、言うのです。

もがいて、もがいて、もがききりなさい！　と。まだまだもがきが足りない！　と。

宇宙のサポートを受ける２つの鍵。
１つは、もがききること。
２つめは、完全に「これでいいのだ」の
状態に入ること。
そのとき、

魂のイェ——起きるの

ーイ!!!!!が
です。

芸術は、幸福から幸福へ

地球はもがくための星です。

そんな地球で、もがき、生きる力を失った地球人たちを救ってきたのは、音楽や絵画などをはじめとするさまざまな芸術です。

つまり、**芸術とは地球人たちにとって、生きるためのパワーの源**でもあるのです。

また、地球は二元性の星でもあることから、幸福と不幸という二つのベクトルが常に正反対に位置しています。

不安を体験しに来ている地球人たちだからこそ、今までの地球では**普通にぼっーとしていたら、どんどん不幸の方に自然に引っ張られてしまった**のです。

それは、不幸のブラックホールに吸い込まれてしまうようなものです。

　そして、これまでの地球で展開されてきた数々の芸術は、そんな不幸で不安定な人を癒し、幸せにするためのものでもあったのです。

　けれども、愛と調和のレムリアのエネルギーでもある令和の時代になったことで、すべてががらりと変わりました。

　これからは、地球で**普通にぼーっとしていても、幸せの方へ引っ張られるようになる**のです。

　つまり、これからは不幸だから幸せになるという図式ではなく、もともと幸せである状態からもっと幸せになる、となるのです。

　令和の時代の芸術とは、幸福から幸福をつなぐプロセスになるのです。

　ただし、このラッキーな恩恵を預かるためには条件がひとつあります。

自分が愛と幸せにあふれているという状態になること。

不十分、不完全なものは存在しません。

　自分のことを十分＆完璧＆愛そのものだと思える人がバンジージャンプをすれば天国へ行けるし、その反対に不十分＆不完全＆愛に値しないと思っているのなら、奈落の底へ落ちて行ってしまいます。

　これは、綱渡りにも例えられるでしょう。

　無理と感じる人が綱渡りをしようとすると、下へ落ちるイメージしか湧いてこないので下に落ちてしまいます。

　けれども、「大丈夫、完璧。守られている」と思える人は、綱渡りを楽しめる人、つまり、綱渡りをアートにできる人なのです。

　そんな人は、シナリオを修正したり、シナリオを書き換えることができるのです。

人生は魂のバンジージャンプだ！

自分が幸せだと思えれば、

バンジージャンプで天国へ。

自分が不幸だと思っているなら、

奈落の底へ。

今までのスピリチュアルは、
不幸な人を少しだけ幸せに。
これからのスピリチュアルは、
幸せな人を至高の幸せに。

地球を魂の最終章にするために

　高次元から地球次元へ魂を磨きにきた私たちは、気づきや学びを終えると地球を卒業していくことになります。

　では、どのような状態になれば、地球生活の卒業式に招待されるのでしょうか？

　それは、すでにありふれた言葉になっていますが、

「今ここに生きること」

です。

　また、「今ここにいる自分が至高の愛にあふれていること」です。

　そして、**重要なポイントは、その状態をずっと**

維持できるかどうか、です。

たとえば、スピリチュアルのワークショップに出て「今、ここに生きる感覚って大事だな。よし！　今に生きるんだ！」とワークショップに出ている数時間はそう思えるかもしれません。

でも、家に帰った後、再びいつもと同じモードになって家族といざこざを起こしたり、ネガティブ思考になったりして、不安や恐怖と闘う相変わらずの日々に戻ってしまうのなら、意味はありません。

ちなみに、今ここに生きている瞬間は、自分が向き合っていることに集中しているので、たぶん「今ここに生きなきゃ！」なんて浮かんでもこないはずです。

だから、**今ここを忘れている瞬間が、すなわち、今ここ**なのです。

そうなるためにも、「死と病気は芸術だ」というフレーズを思い出してほしいのです。

日常生活の中にある最もネガティブな要素が「死と病気」であり、その死と病気が美しい芸術だと思えるのなら、その他の小さなトラブルなんて些細なものであり、不安や恐怖なんてすぐに消せるはずなのです。

　あなたが、自分に訪れる死と病気を笑顔と喜びで受け入れられる日が来たとき、あなたの地球人生は最終章を迎えることでしょう。

　そのとき、あなたの地球のシアターは、やっと幕を下ろすのです。
　泣いて、笑って、喜んで、怒って、悲しんで、歌い躍った日々がフィナーレを迎えるのです。

誇りを持って
生きなさい！
そして、

誇りを持って
死んでいきな
さい！

Epilogue

「死と病気は芸術だ」

　今でも、あなたの心はこのフレーズにまだザワついていますか？

　それとも、この１冊を通して、すでにこの表現があなたの心にストン！　と落ちて来たでしょうか。

　きっと今のあなたなら、この意味を魂レベルで思い出してくれているのではないでしょうか。

　これまでに私は、ここ数年の間に何十冊もの本を立て続けに出版してきましたが、それらのすべてはこの本を書くために出版ラッシュがあったのだと言えるのです。
「死と病気は芸術」であることを伝えるために、この常識はずれで型破りの言葉の意味をわかってもらうために、これまでの何冊もの本があったのです。

　なぜならば、もし、この本が私の初めての著書だったら、果たして誰がこのフレーズに興味を持ち、誰が私の語ることを信じてくれるでしょうか？

　また、もし私が現代医学においても臨床経験を積み、キャリアを重ねてきた医師でなければ、誰が聞く耳を持ってくれるのでしょうか？

　もちろん、この私自身にも、もがいてきた道のりがあります。
　書籍の出版活動にしても、最初の頃は地球医学により近い、いわゆる"健康本"を出すところからスタートしました。

　実は、健康本には私の脳や心は満足しても、はっきりいって、魂までは躍りませんでした。
　でも、私にはそんなプロセスも必要だったのです。
　やっと今、私は本当に言いたいことを思うがままに言えるようになりました。
　そして、この本では私が医師として最も伝えたかったことをお伝えすることができるまでになったのです。

　それでも、まだ「死と病気は芸術だ、なんてとんでもない！」と思う人もいるでしょう。
　それも、私にはウェルカムなのです！

「はじめに」の冒頭で、「この本は炎上覚悟です」とお伝

えしたように、私の意見に怒ったり、ムッとしたり、反発をしてくださってもいいのです。

それこそが、私の狙いでもあるのです。

なぜなら、基本的に皆さんが「いいね！」と賛同するようなことは、皆さんの脳やマインドが、そして、所属するコミュニティや社会が、さらには集合意識全体が「いいね！」とすることだからです。

今、SNSで「いいね！」の数をどれだけ多く取得するか、ということが自分にとっての評価につながるような風潮として受け止められています。

でも、この「いいね！」こそ、今の時代における常識と固定観念の上にもとづいた評価のひとつの表現方法なのです。

つまり、「いいね！」が多ければ多いほど、いつまでも地球モードの中で生きている、いつまでもその集合意識の中から離れられない、ということなのです。

そういう意味において、**「死と病気は芸術だ」**ということを語る私には、「いいね！」ではなく**「ひどいね！」「なんてことを！」**くらいが最も私**の望む反応**なのです。

なぜって、そのような反発心を抱いてくれるからこそ、

あなたは、「死と病気」について改めて思いを巡らせることになり、やがて魂レベルで、本当の意味に気づいてもらえるからです。

いってみれば、このフレーズに反発を持っている人は、まだまだ死と病気に恐怖を覚えている人でもあるのです。

そして私は、そんなあなたを**揺さぶる必要があった**のです。

そういうわけで、あなたの**「いやだね!」だって、私には「カモーン!!」**なのです。

この言葉にまだ抵抗があるあなたへ。

この私から、逆に「いいね!」という言葉を贈りたいと思っています。

すべては、そんなあなたの「疑問」や「怒り」からはじまるのですから。

あなたにもいつか必ず訪れる死、そして、いつ何時降りかかるかわからない病気。

それらは、タブーなものではなく、ダークなものでも、特別なものでもありません。

　ましてや、忌み嫌うものでも、ネガティブなものでも、恥ずかしいものでも、隠さなくてはならないものでもありません。

　それは、とても身近なものであり、あなたが歯を磨いたり、食事をしたり、夜になると眠ったり、友人とおしゃべりをするように、日常生活の一コマの中にあるものであり、**人間としての生命活動の中に必ずついてくるもの**なのです。

　だからこそ、まずは、「死と病気は恐怖だ」という思いで日々おびえながら人生を送るより、「死と病気は芸術だ」という意識になってほしいのです。

　そうすることで、あなたは、**未来を憂うこともなく、この瞬間にだけ生きられるようになる**のです。

　そのとき、**あなたの魂そのものが、あなただけの**

輝きを放ち、ひとつの
芸術になる のです。

　それが、この本を通して、皆さんに一番お伝えしたいことなのです。

　さあ、あなたの魂の色を、魂の形を、魂の光の輝きをもっと私に、もっとこの地球に見せつけてください！

　そして、命ある限り、この令和という魂の時代を共に生きていきましょう！

　　　　　　　　　　　　　　——地球での最終章を迎え、
地球のフィナーレを生きている
ドクタードルフィン　松久正

参考資料

『1リットルの涙　難病と闘い続ける少女　亜也の日記』
木藤亜也著　（幻冬舎文庫）

『超訳　ブッダの言葉』
小池龍之介編訳（ディスカバー・トゥウェンティワン）

『対訳　イェイツ詩集』高松雄一編　（岩波文庫）

『世界名言集』岩波文庫編集部編　（岩波書店）

『DEATH 死とは何か　イェール大学で23年連続の人気講義』
シェリー・ケーガン著　柴田裕之訳（文響社）

『奇跡のリンゴ　「絶対不可能」を覆した農家　木村秋則の記録』
石川拓治著（幻冬舎）

『名言ナビ』https://meigennavi.net/index.htm

Doctor Dolphin

∞ishi ドクタードルフィン 松久 正

Tadashi Matsuhisa

鎌倉ドクタードルフィン診療所院長。日本整形外科学会認定 整形外科専門医。日本医師会認定健康スポーツ医。米国公認ドクターオブカイロプラクティック。慶應義塾大学医学部卒業、米国パーマーカイロプラクティック大学卒業。

地球社会と地球人類の封印を解き覚醒させる使命を持つ。自身で開発した DNA ビッグバンという超高次元 DNA 手術 (松果体 DNA リニューアル) やセルフワークにより、人生と身体のシナリオを修正・書き換え、もがかずに楽で愉しい「お喜びさま」「ぷあぷあ」新地球人を創造する。高次元シリウスのサポートで完成された超次元・超時空間松果体覚醒医学∞ IGAKU の診療には、全国各地・海外からの新規患者予約が数年待ち。世界初の超時空間遠隔医学・診療を世に発信する。セミナー、ツアー、スクール (学園、塾) 開催、ラジオ、ブログ、メルマガ、動画で活躍中。

ドクタードルフィン公式メールマガジン (無料) は、公式 HP で登録受付にて月二回配信。動画映像からスペシャル高次元 DNA コードをコードインする会員制のプレミアムサロン「ドクタードルフィン Diamond 倶楽部」は、常時、公式 HP にて、入会受付中。公式 HP のオフィシャルショップでは、ドクタードルフィンのエネルギーを注入したスペシャルパワーグッズを販売。

近著に、『神ドクター Doctor of God』(青林堂)、『令和の DNA　0=∞医学』、『かほなちゃんは、宇宙が選んだ地球の先生 ドクタードルフィン松久正×異次元チャイルドかほな』『ドクタードルフィンの高次元 DNA コード 覚醒への突然変異』(ヒカルランド)、『幸せ DNA をオンにするには 潜在意識を眠らせなさい』(明窓出版)、『いのちのヌード　まっさらな命と真剣に向き合う医師たちのプロジェクト　ヘンタイドクターズ』『シリウス旅行記　フツーの地球人が新しい地球と自分に出会うための異次元の旅』『覚醒する新地球人の合言葉これでいいのだ！ヘンタイでいいのだ！』(ヴォイス) の他、『シリウスがもう止まらない』『ドクタードルフィンのシリウス超医学』(ヒカルランド)、『ワクワクからぷあぷあへ』(ライトワーカー)、『からまった心と体のほどきかた』(PHP 研究所)、『あなたの宇宙人バイブレーションが覚醒します！』(徳間書店) など多数。『松果体革命』(ナチュラルスピリット) は、出版社における 2018 年の No.1 ベストセラーで、ドクタードルフィンの中核となる本。また、『「首の後ろを押す」と病気が治る』は健康本ベストセラーとなっており、『「首の後ろを押す」と病気が勝手に治りだす』(ともにマキノ出版) はその最新版。今後もさらに続々と新刊が出版予定の今、世界で最も時代の波に乗るドクター。

■ドクタードルフィン公式ホームページ　https://drdolphin.jp/

死と病気は芸術だ！

2019 年 10 月 31 日　第 1 版第 1 刷発行

著　者　　松久 正（∞ishi ドクタードルフィン）

編　集　　西元 啓子
校　閲　　野崎 清春
デザイン　小山 悠太

発行者　　大森 浩司
発行所　　株式会社 ヴォイス　出版事業部
　　　　　〒 106-0031
　　　　　東京都港区西麻布 3-24-17 広瀬ビル
　　　　　☎ 03-5474-5777 （代表）
　　　　　☎ 03-3408-7473 （編集）
　　　　　📠 03-5411-1939
　　　　　www.voice-inc.co.jp

印刷・製本　　株式会社 歩プロセス

Information

シリウス旅行記
フツーの地球人が新しい地球と自分に出会うための異次元の旅

松久 正 著

193 ページ／定価：本体 1,600 円＋税
ISBN：978-4-89976-489-2

いのちのヌード
まっさらな命と真剣に向き合う医師たちのプロジェクト「ヘンタイドクターズ」

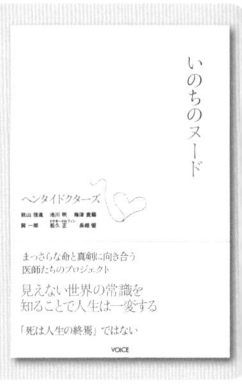

秋山 佳胤、池川 明、梅津 貴陽、巽 一郎、
ドクタードルフィン 松久 正、長堀 優 著

263 ページ／定価：本体 1,600 円＋税
ISBN：978-4-89976-494-6

粉々になった鏡のカケラ
第 1 篇 クリプティク —謎—

700 年後の地球の未来を描いた SF ファンタジー小説

ダリル・アンカ 著

西元 啓子 訳

ドクタードルフィン推薦！ 全米で話題沸騰中！

432 ページ／定価：本体 1,800 円＋税
ISBN：978-4-89976-497-7

お求めはお近くの書店、ブックサービス（☎ 0120-29-9625）、
または小社 HP へ　https://www.voice-inc.co.jp/